# 두근두근 십 대,
# 나만의 방식으로
# 세상을 만나다!

김국태 김기용 김영연 김진숙 서영원
이수석 이승배 이정숙 임병구
임원영 여백 한상원 지음

팜파스

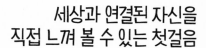

# 세상과 연결된 자신을 직접 느껴 볼 수 있는 첫걸음

이청연 (행복 교육을 꿈꾸는 인천광역시 교육감)

'세상'이란 말은 우리가 살고 있는 모든 사회를 통틀어 일컫는 말입니다. 여러분은 이 세상에서 일어나는 일에 얼마나 관심을 가지고 있을까요? 공부하느라 바쁜 십 대 여러분이 살아 있는 세상을 접할 기회가 우리 일상에서는 그리 많지 않습니다. 하지만 세상을 향한 관심은 절대 줄지 않기를 바랍니다. 청소년 여러분의 세상을 향한 긍정적인 관심은 여러분의 삶은 물론 우리의 미래도 변화시키기 때문입니다. 그 관심 속에서 무엇이 변화되고, 무엇을 지켜야 할지를 판단할 눈도 기르게 되겠지요.

이제 곧 세상에 나갈, 졸업할 제자들에게 꼭 당부하고 싶은 선생님들의 말과 거칠 수도 있는 세상을 향해 움츠러들지 말라는 다독임이 이 책에 담겨 있습니다. 학생들을 위해 항상 변화하려는 자세와 자신을 열고 소통하려는 마음으로 힘써 온 선생님들의 애정 어린 결실이기도 합니다. 이 책에는 청소년 여러분이 사회에 나가서 접하게 될 여러 분야에 대한 안내와 더불어, 세상에 대한 친근하고 따뜻한 시선이 녹아 있습니다. 열두 분의 선생님들이 이야기를 들려주듯이 이 세상의 모습을 재미나게 풀어내고 있습니다.

이 책을 통해 세상과 더욱 직접 소통하는 시각으로, 청소년 여러분들이 이해하게 되었으면 합니다. 학교를 벗어난 여러 공간에 대해 체험하는 재미를 알게 되고, 세상에 대한 긍정적인 관심과 이해가 쌓이게 되길 바랍니다. 책장을 넘기면서 어디든 우리가 경험하고 생각해볼 세상의 이야기가 숨어 있다는 것을 알게 될 것입니다. 학교에서 미처 가르쳐 주지 못한 가치도 알게 될 것이고요. 인천교육연구소 선생님들이 들려주는 사회 문화 체험에 대한 이야기가 여러분이 세상으로 나아가기 전에 든든한 응원군이 되리라 믿습니다.

이 책에 담긴 따뜻한 시선과 고민이 청소년 여러분은 물론 선생님과 학부모님께도 좋은 생각거리를 남겼으면 합니다. 이를 통해 활발한 토론이 이루어지기를 기대합니다. 이 세상은 참으로 다양하고 신비하다는 생각이 삶에 대한 열정으로 이어지기를 바랍니다.

# 세상과 자신을
# 더욱 사랑하는 방법을 알려 주다

이흥우 (哲博, 해반문화 명예이사장)

　열두 분의 선생님들이 오래 전 함께 모여 학교 밖 수업을 준비하셨습니다. 교재는 선생님들이 그동안 쌓아 온 세상을 살피는 체험입니다. 선생님들은 학교라는 작은 울타리 넘어 사회로 나갈 학생들에게 세상을 보여 주고 싶었습니다. 그래서 학생들의 손을 잡고 학교 밖으로 나와 14가지의 세상 이야기를 들려줍니다. 마치 엄마가 걸음마로 뒤뚱거리는 아이가 넘어질세라 손을 잡듯, 걸음걸음마다 조심스럽고 사랑스런 눈빛으로 학생들을 바라봅니다.

　학생들을 데리고 학교 밖 동네 골목으로 나갑니다. 아스팔트를 비집고 토끼풀꽃, 오랑캐꽃, 패랭이꽃이 나왔습니다. 학생들이 집에서 학교로 걸어오며 무심히 지나쳤던 풍광들이 보입니다.

"어, 저 가게 간판 좀 봐, 너무 재밌다. 집 앞에 나와 계신 저 할머니 두 분은 무슨 말씀이 저렇게 많으실까? 언젠가 네가 나이 들어 되돌아보면 학교까지 오며 걸었던 이 골목길, 지금 함께 걷고 있는 친구들, 네 주변 환경들이 바로 너를 만든 것임을 깨닫게 될지 몰라."

조금 더 생생하게 세상을 경험할 방법은 그리 멀리 있지 않습니다. 일상의 체험으로 좀 더 세상의 온기를 느낄 수 있고, 세상과 연결되어 있는 자신을 발견할 수 있습니다. 우리네 삶은 결과보다는 더 긴 과정으로 채워져 있고, 그 과정에는 일상이 존재하며, 그 일상에서 우리는 세상과 소통하기 때문이지요. 이 책에 소개된 14가지 나만의 체험은, 졸업 전 제자들에게 선생님들이 가장 들려주고픈 세상의 온기이기도 합니다. 그리고 여러분이 그 온기를 바라보며 좀 더 애정을 갖고 도전적으로 세상에 나아가기를 바라고 있습니다. 그 과정에서 때로는 아무것도 하지 말고 지금을 만끽해 보고, 자신이 읽은 책만 파는 이상한 헌책방 이야기를 들려주면서 자기만의 브랜드를 만들어 보기도 하며 말입니다.

교실 밖에서, 세상과 자신을 더 사랑하는 방법을 이야기하는 선생님들의 목소리에 여러분이 더욱 귀 기울였으면 합니다. 그 사랑의 온기가 학생들의 가슴에 하나하나 닿으면 얼마나 좋을까 상상해 봅니다.

# 세상과 즐겁게 소통하며 더욱 진화하는 사회인이 되기를

### 김국태 (인천교육연구소 소장)

청소년들은 세계 인구의 30%에 달한다고 합니다. 우리 세상에 적지 않은 비중을 청소년들이 차지하고 있어요. 흔히 청소년을 '미래를 이끌어 갈 주인공'이라고 말해요. 그리고 청소년들에게는 사회의 일에 신경 쓰기보다는 공부만 집중하라고 이야기하지요. 청소년들이 사회에 어떤 관심을 보이면 "머리에 피도 안 마른 것이!" 아니면 "신경 끄고 공부나 열심히 해라"라는 말이 돌아오는 것이 현실인 것 같아요. 아직은 우리 사회가 성인이 되지 않은 청소년을 사회의 구성원으로 보지 않는 느낌이 큽니다.

어른들의 눈에 청소년은 여전히 돌봄의 대상입니다. 이 말은 청소년 생활에 어른들이 끊임없이 간섭하고, 보호해 줘야 한다는 뜻이죠. 성장의 과정이기에 어른들의 이끎이 필요한 것은 사실이지만, 그 결과 청소년들은 세상에 대한 막연한 두려움을 품게 되는 것 같기도 합니다. 게다가 대학을 가고, 취직을 해도 그 간섭과 돌봄의 시간은 줄어들지 않지요.

사실 입시 경쟁에 내몰린 청소년들이 학교 밖 사회에 지속적으로 관심을 갖는 게 쉽지는 않아요. 하지만 이대로 졸업만 한다고 갑자기 '성숙한 사회인'이 되는 것은 아니에요. 학교 수업에서 자연스럽게 사회 문화적 체험의 기회가 만들어져야 되지요. 하지만 현실적으로 학교 수업에서 그런 기회를 충분히 갖기는 쉽지 않아요. 그래서 청소년들이 자신의 삶을 열어가는 주체가 되는 연습을 서서히 하게 되었으면 합니다. 이 책의 사회 문화적 체험들이 여러분의 삶에 대해 더 강렬하게 들어가고, 세상에 대해 두려움보다는 애정을 갖도록 일깨워 주면 좋겠어요.

여러 선생님들이 세상을 생생하게 접할 수 있도록 권하는 작은 실천들은 새로운 자기를 만나게 되는 계기가 됩니다. 우리는 흔히 자기 인식, 자기 성찰을 위하여 자기 내면을 들여다보고 자기 자신의 감정과 욕망에 초점을 맞추라고 합니다. 하지만 자기 몰입적인 자기 인식과 성찰은 지나치게 개인주의로 경도될 우려가 높아요. 오히려 자신 밖으로 나가 타인들의 시각으로 그들의 삶을 상상함으로써 나는 누구인지, 어떻게 살아갈 것인지를 알아낼 수도 있어요. "우리는 자신 밖으로 걸어 나가 세계를 발견함으로써 자신이 누구인지를 이해해야 한다.”는 괴테의 말이 다시금 떠오릅니다. 이 책을 통해 여러분도 공부와 논리에 갇히지 않고 즐겁게 경험하고 소통하며 진화하는 사람이 되기 소망해 봅니다.

CONTENTS

 **Part 01**

# 이토록 따뜻한 세상인지, 아직 모르는 친구들에게

**Part 02** 너의 작은 행동이 세상을 더 행복하게 만드는 힘이야

# 이토록 따뜻한 세상인지,
# 아직 모르는 친구들에게

# 골목길을 걸어 보렴

길에서
우리가 사는 진짜 세상을
만나게 될 거야

　우리는 매일 무언가에 쫓기듯 살아갑니다. 휴일조차도 이어폰을 끼고 핸드폰을 보면서 바삐 길을 걷곤 하지요. 느긋하게 주변을 돌아보면서 길을 걸었던 기억이 언제일까요. 기억나는 것은 내 어깨에 놓인 무거운 책가방의 무게, 그리고 바쁜 마음뿐입니다. 목적지만 기억하다 보니 그곳까지 가기 위해 걷는 길에 무엇이 있는지, 어떤 모습인지를 보지 않을 때가 많습니다.

　그래서일까요? 복잡하고 많은 일에 치이는 우리는 사람들과 마음을 나눌 여유를 점점 더 잃어 갑니다. 문만 닫으면 세상 밖에 어떤 일이 일어나는지도 모를 아파트에 살며, 이웃이 누구인지도 모르는 채 살고 있습니다. 문을 열고 나간다 하더라도 버스나 전철을 탈 생각으로 길을 걷기 때문에 학교로 회사로, 지하철역으로 이어지는 길들의 수많은 모습들은 순식간에 사라져 버리지요. 마음의 여유를 갖고 거니는 일은 점점 '희귀한 일'이 되어 버렸습니다.

바쁜 가운데 잠깐 얻어낸 틈을 '망중한'이라고 하지요. 마냥 여유롭기만 해서는 결코 망중한이 아닙니다. 바쁘거나 치열한 가운데 잠깐의 '틈'을 내어야 진정한 망중한이지요. 잠시 짬을 내어 우리 동네 골목길을 걸어 볼까요? 쳇바퀴 도는 일상에서 벗어나 천천히 골목길로 걸어 보면 의외의 것들이 발견됩니다.

겨우내 아무것도 보이지 않던 담장 밑에는 비비추가 땅을 뚫고 쑥 솟아났습니다. 가만히 몸을 기울이니 여기저기 점처럼 하얗고 작은 꽃들도 보입니다. 쓰윽 지나치면 있는지도 몰랐던 꽃들입니다. 작은 꽃을 가만히 들여다보면 정확하게 다섯 등분으로 나뉘어 하얀 잎을 피워낸 모습에 우주의 진리가 담긴 것 같습니다. 온통 콘크리트길이지만 조그만 대문 근처나 길녘, 혹은 보도블록 사이에 핀 들꽃을 보면 나태주 시인의 〈풀꽃〉이란 시구가 생각납니다. 시는 자세히 오래 보아야 비로소 보이는 것들의 소중함을 이야기하지요. 바쁘게 휙 지나가는 것이 아니라 시간을 두고 천천히 바라보는 것이 얼마나 중요한지 우리는 잊곤 합니다. 골목길은 그 소중한 것들 중 하나이지요.

우리 골목 어귀에는 할머니 한 분이 앉아 산나물을 팔고 있습니다. 하루 종일 얼마나 벌 수 있을까요. 몇 푼 벌이를 위해 종일 거리에 앉아 계신 할머니를 보면 걱정이 앞섭니다. 샘은 그래서 시장을 마다하고 할머니한테서 말린 고춧잎과 고구마 줄거리를 삽니다. 할머니는 고맙다고 인심 좋게 나물을 더 주시네요. 그 고마움에 옆에 놓인 땅콩까지 사고야 말았습니다.

아파트 정문 끝에서는 "뻥이요!"를 기다리며 몇몇이 모여 있습니다. 동네 꼬마들은 자전거를 타다 말고 구경합니다. 몇몇 아이들은 뻥튀기 한 자루를 사들고 신 나게 뛰어가네요. 조금 있으면 '뻥' 하고 지축을 흔들 소리가 날 것 같습니다. 아주머니가 아이를 얼른 뒤로 감추며 귀를 막아 줍니다.

해가 지는 어둑한 골목에는 길을 잃은 개가 어슬렁거리며 힘없이 돌아다닙니다. 길냥이도 슬며시 차 밑에서 나와 돌아다니네요. 낮 내내 길모퉁이나 어귀에 있던 좌판도 슬슬 자취를 감춥니다. 이렇게 오늘 하루 '길이 들려주는 이야기'를 들으며 걷다 보니 우리는 모두 연결되어 있는 걸 알게 됩니다.

## 골목길에 담긴 정서, 놀이의 풍경, 그리고 연결의 힘

골목길은 큰길에서 쑥 들어가 동네나 마을 사이로 난 좁은 길을 말합니다. 그래서 큰길에 있는 번듯한 건축물보다는 옹기종기 모여 있는 작은 건물들이 떠오르곤 하지요. 유명한 제주 올레길도 사실 동네 여러 골목길을 연결하여 만든 여행길입니다. 이제는 동네를 돌아 둘레에 형성된 길인 둘레길도 올레길 못지않게 인기가 많습니다. 그래서인지 우리 동네 산 언저리도 둘레길이 만들어지고 있습니다. 사람들이 동네를 다니던 길들이 모여 골목길이 되고 둘레길이 되고 올레길이 됩니다. 그리고 그 길을 따라 우리는 만나고 서로 관계를 맺으면서 살아갑니다.

　그런데, 아파트가 많은 요즘은 이웃에 누가 사는지도 모르고 살아가지요. 소통도 단절된 모습입니다. 골목길은 언젠가부터 옛 기억을 떠올리는 단어가 된 듯합니다. 지금은 아파트 놀이터에서 아이들이 놀지만, 아파트가 흔치 않던 시절에는 골목이 아이들의 놀이터였습니다. 그 골목길에서 흔히 듣던 노래 말들이 떠오릅니다.

　　술래잡기~ 고무줄 놀이~
　　꼭꼭 숨어라! 머리카락 보일라!
　　못 찾겠다 꾀꼬리~
　　야도!

　샘이 어릴 때 서울 정릉 쪽에서 자랐는데 매일 골목길에서 놀며 하루를 보내고는 했습니다. 해가 뉘엿뉘엿 넘어가도록 '오자미'나 공놀이를 하면서 놀다 보면 집집마다 엄마들이 나와 "밥 먹어라!"라고 아이들을 불렀지요. 그 골목에서 자치기, 술래잡기, 고무줄놀이, 구슬치기, 줄넘기, 딱지치기, 비석치기 같은 다양한 놀이를 했답니다. 그야말로 놀이의 천국이지요. 놀이 속에서 다양한 역할과 관계를 배울수도 있었어요. 또 크고 힘센 골목대장이 있기도 했지요. 술래잡기는가장 보편적인 놀이라 누구나 한 번쯤 해봤을 거예요. 친구는 숨바꼭질을 하다가 너무 꼭꼭 숨은 나머지 다들 집에 가버릴 때까지 나타나지 않은 적도 있었지요. 아, 지금 생각났는데 도저히 못 찾은 경우에는 술래가 "못 찾겠다 꾀꼬리!" 하며 다니기도 했어요.

숨바꼭질 못지않은 풍경이 또 하나 있습니다. 학교 앞이나 골목길어귀에는 어김없이 달고나가 달콤한 냄새를 풍기며 자리 잡고 있었습니다. 지역에 따라 '띠기'나 '떼기'라고도 하고 '뽑기'라고도 했지요. 연탄불 위에 쇠 국자를 올리고 설탕과 소다를 넣어 휘휘 저으면 달고나가 됩니다. 설탕과 소다가 어우러져 적당히 녹아 붙은 것을 철판 위에탁 털어 놓고 별 모양, 붕어 모양 등 여러 모양으로 찍어 내었지요. 모양대로 시침핀으로 따서 완성한 아이는 달고나 하나를 얻었어요. 그아이는 세상에 남부러울 게 없는 얼굴로 의기양양하게 친구들에게 나누어 주기도 했지요. 달고나를 열심히 만드시는 할아버지 옆에서 구경하거나 야금야금 모양을 떼어내 먹는 아이들의 모습은 골목길에서늘 마주치는 정겨운 풍경이었습니다.

또 리어카를 끌며 찰칵거리는 가위 소리를 들려주던 아저씨의 모습도 떠오르네요. 헌책이나 헌 신발, 혹은 찌그러진 그릇 등 고물을내어 주면 엿으로 바꿔 주던 엿장수는 골목길의 푸근한 정서를 떠올리게 합니다. 요즘은 풍물 시장이나 시골 장터, 혹은 명절 때 백화점에서 공연처럼 행해지고 있지만 삼사십 년 전에는 아주 자연스러운 골목길의 일부였습니다.

이처럼 골목길은 단순한 길이 아니라 놀이의 장, 그리고 우리네 정서를 길러 주는 공간이었습니다. 아이들은 이 골목길에서 다른 사람과 살아가는 작은 세상을 경험하게 되었지요. 길에서 함께 나누던 웃음, 재미, 관심들은 우리를 자연스러운 어른으로 성장하게 했습니다. 집집마다 이웃을 알아 관계를 더 폭넓게 배울 수도 있었지요. 이웃이 누군지 모르거나 아니면 오히려 두려운 요즘 골목길이 주는 이런 정겨움이 더욱 그립기도 합니다.

어쩌면 골목길의 존재가 차츰 사라지면서 우리네 관계는 점차 단절되어가고 있는 건 아닐까요? 놀이 역시 점점 가치를 잃어가고 있는 듯합니다. 이제 골목길은 우리에게 어린 시절의 낭만과 추억을 불러일으키는 옛 공간이 되어 버렸습니다. 학원, 방과 후 활동이나 또 자율학습으로 해가 넘어서야 집에 가는 청소년에게 지금의 골목길은 그저 통로일 뿐이지 않을까요? 점차 골목길이 친구들과 함께하는 공간으로, 그리고 삶을 살아가는 장소로 기억되기는 어려워질 것 같아 샘은 아쉽기만 합니다.

골목은 집들이 이어져 형성된 곳입니다. 사람들이
집을 짓고 또 건물을 지으면 어김없이 만들어지
는 곳입니다. 그래서 사람들이 살아가는 곳에는 골목길이 항상 자리
합니다. 그래서 샘은 골목이 굳이 건축가에게는 필요 없는 공간이라
생각했습니다. 그런데 그 골목길이 중요하다고 강조하는 건축가들을
종종 보게 됩니다. 건축가 승효상 씨도 골목길 예찬론자 중 하나입니
다. 이 분은 우리나라의 달동네를 보며 사람들이 서로 보듬고 살아가
는 공간에 대한 애정을 가지고 있다고 말합니다. 그의 저서인 《오래
된 것들은 다 아름답다》에는 이에 대한 자세한 생각을 엿볼 수 있습
니다. 승효상 씨는 건축에서 단지 건물을 짓는 것이 아닌 주변 환경과
관계 맺는 것에 대해서도 고민합니다. 그런 면에서 볼 때 관계의 공간
인 골목은 매우 중요한 지점이 됩니다. 그는 건축이란 그저 건물이 아
니라 주변 환경, 자연과 더불어 공간을 창출하는 것이라는 철학이 있
지요. 이러한 철학은 우리나라 사람들이 건물을 지을 때 자연을 거스
르지 않고 원래의 모습으로 기둥을 세우고 돌을 골라 방향을 정했던
전통적인 모습과 닮아 있습니다.

급속한 근대화와 세계화를 거치면서 우리나라의 도시 풍경은 삭막
하다 못해 살벌하기까지 합니다. 우리의 골목 문화를 걱정하는 사람
들은 거주와 삶이 아니라 투기와 재테크의 수단으로 아파트를 짓고,
도시 개발을 위해 올린 고층 빌딩들이 빽빽한 콘크리트 숲을 만들어

내 바람길마저 마비시키고 있다고 말합니다.

　이 무질서한 건물들은 사람들이 천천히 오가고 삶을 나누던 골목길을 잠식했지요. 사람이 '사는' 공간을 참으로 남루하게 만들었습니다. 승효상 씨의 말대로 오히려 작고 허름한 집들이 이어진 도시의 달동네가 더 정겹게 여겨지기도 합니다. 그는 달동네를 지중해 그리스의 산토리니와 비교하기도 합니다. 세계적인 관광 명소로 각광받는 산토리니도 달동네와 생성 과정이 같습니다. 그런데 달동네는 재개발의 대상이고 산토리니는 각광받는 명소가 됐지요. 세계 저편의 사람들은 이 길에서 어떤 가치를 본 것일까요? 낡고 오래되고, 소외된 길의 가치를 샘은 여러분이 한 번쯤 생각했으면 합니다.

　에게해의 푸른빛을 반사하는 하얀 집들이 늘어선 산토리니 마을. 그런데 그 아름다움을 닮은 곳이 우리나라에도 있어요. 바로 부산의 감천문화마을이지요. 아시아의 산토리니, 혹은 부산의 마추픽추라는 별명이 있을 정도로 유명한 곳이랍니다.

　작고 오래된 벽과 올망졸망 이어진 집들이 만들어 낸 골목길에 아름다운 그림, 예술적 설치물들을 배치해 새로운 공간으로 탄생되었지요. 예전에는 낙후된 곳이었는데, 예술가들이 찾아오고 여행자들이 구경 오면서 재미있고 신기한 공간으로 바뀌었습니다. 사람들의 힘이 모여 골목은 문화 공간이 되었습니다. 이제 이 골목길에서 사람들은 정겨운 마음을 나누고 인사하며 새로운 관계를 맺어 나갈 것입니다. 통영에도 동피랑 마을이 있는데, 아주 작은 골목길들이 언덕

위 올망졸망한 집들과 이리저리 이어져 있습니다. 벽화를 감상하며 골목길을 누비다 보면 바쁜 발걸음도 차츰 여유로워집니다. 골목길을 지나다 보면 어느새 저 밑에 펼쳐진 바다가 보입니다.

어쩌면 골목길은 집처럼 사람이 사는 공간입니다. 지붕이 없는 집인 셈이지요. 집들과 작은 가게들이 이어져 있기에 우리는 매일 사람들을 만나고 이야기하며 거기서 먹고 놀기도 합니다. 끊임없이 관계를 맺으며 살아가는 공간입니다.

## 길, 새로운 세상을 안내하는 성실한 안내자

골목길은 사람이 만나고 관계를 맺으며 살아가는 역할을 합니다. 그 동네 골목길들을 연결하여 여행길을 만든 게 제주도 올레길의 시작이 되었다고 하지요. 샘은 오래 전에 올레길을 걸었던 적이 있답니다. 청색과 노란색 리본이 묶인 올레길 리본을 따라 열심히 걷다 보니 올망졸망 돌담이 늘어선 작은 동네 골목길로 접어듭니다.

조그마한 언덕을 지나 해변이 펼쳐지는 곳으로 향했습니다. 어디서 어디까지인지 모르겠는 '수봉로', '법환포구', '두머니물' 같은 이름이 붙어 끝없이 이어지고 있었습니다. 시커먼 현무암이 들쑥날쑥한 길을 오르내리고 이리저리 헤매기를 십여 분, 한 고비를 돌면 다시 한 굽이가 이십 여분 나오고 또 그 굽이를 돌면 다른 굽이가 펼쳐집니다.

길은 언제나 또 다른 길들로 이어져 있습니다. 드넓은 모래사장을 나와 굽어지는 길을 따라 가면 또 다른 너덜지대가 펼쳐집니다. 일명 해병대 길이었습니다. 험하고 힘든 이곳에서 해병대 훈련을 했고 그들이 돌을 날라 길을 만들어서 이름이 해병대 길이라고 합니다.

길에서는 오직 걷는 것뿐이라 아주 쉬울 줄 알았습니다. 하지만 걷는 걸 가벼이 생각한 것은 샘의 오만이었어요. 곧 끝날 것 같은 길이 어느 굽이만 돌면 참으로 새로운 세계가 펼쳐지고 낯선 지형이 위협적으로 다가오자 걷는 것에 대해 겸손함을 배우게 되었습니다. 그렇게 길은 우리를 새로운 세계로 성실히 안내합니다. 작은 동네가 나오고 바다가 나오고 그 길이 시내로 이어져 이중섭 미술관을 들르기도 했지요. 예쁘고 작은 카페에서 차를 마시며 처음 본 사람들과 이야기를 나누기도 하고, 처음 오픈한 미술작품 전시회장에서 인심 좋게 잔치 음식을 함께 나눠 먹기도 합니다. 작은 동네 골목길들은 이렇게 우리에게 새로운 세상들을 만나게 해줍니다.

집에 나와 골목길에 들어서 보세요. 오솔길을 지나면 어느새 길들은 나뉘고, 어느 길은 운동장으로 나 있고 어느 길은 다른 동네로 이어져 있습니다. 어느 길을 따라 가느냐에 따라 우리가 보는 세상도 달라지고 또 새로워집니다. 길을 걸어가며 우리는 사람이 살아가는 데 이렇게나 많은 물건들이 필요하고 이렇게 다양한 것들이 함께하는지 새삼 느낍니다.

걷다 보면 동네 어르신도 만나고 이웃집 꼬마도 만납니다. 인사와 안부를 묻기도 하고 넉살 좋은 웃음으로 텃밭에서 길렀다며 싱그러운 먹거리를 건네기도 합니다. 꽃가게 옆 늘어지게 누워 있는 개가 지나가는 사람들을 눈길로 쫓고 있습니다. 그늘 평상에 앉아 있던 할아버지가 옆에 앉은 꼬마에게 강냉이를 건네줍니다. 아가를 유모차에 태우고 마실 나온 아주머니들이 담소를 나누며 우리는 길에서 관계를 맺고 살아갑니다. 우리 동네 골목길들은 사람이 만나고 헤어지고 함께 나누며 살아가는 작은 세상입니다. 이 작은 세상에서부터 사람을 만나는 이야기가 시작됩니다. 동네 골목길에서 세상을 향한 진정한 여행이 시작됩니다. 그리고 우리가 사는 진짜 세상을 만나게 됩니다.

이정숙 샘

# 화단에 핀
# 꽃 이름을 찾아보렴

**이름을 아는 순간,
자연은 더욱 특별해진단다**

**이름은 바로
관심의 시작**  공부할 시간도 부족한 여러분에게 꽃 이름을 찾아보

라니, 샘의 제안이 뜬금없나요? 생물학자가 될 것도

아닌데 웬 꽃 이름? 그런데 꽃 이름을 찾아보는 것은 시작의 신호랍

니다. 앞으로 여러분이 해나갈 '어메이징한 일들'의 시작인 거죠. 우

리가 어떤 일을 하려 할 때 필요한 것이 뭘까요? 바로 '관심'입니다.

관심이 있어야 그 일을 잘해낼 방법과 실행이 효과적으로 나오지요.

　우리가 누군가를 만났을 때 무엇을 먼저 하나요? 대개는 자신의 이

름을 말하거나 상대의 이름을 물어보죠. 상대의 이름을 알아본다는

것. 그것은 상대에게 관심을 갖는 일의 시작이에요. '이름'은 다른 대상과 구별되는 고유한 의미와 존재 가치를 드러내기 때문이죠.

여러분도 누군가 또는 무엇인가의 이름을 알게 됨으로써 그 대상이 의미를 지닌 존재로 바뀌게 되는 경험을 해보았을 거예요. 동시에 관심을 꾸준히 갖는 특별한 관계가 되기도 하고요. 그 유명한 김춘수 시인의 〈꽃〉이라는 시에서도, 아무 의미 없는 '몸짓'에 불과한 존재가 '이름을 부름'으로써 '꽃(의미)이 되었다'고 말하잖아요.

그렇다면 샘이 왜 여러분에게 꽃 이름을 찾아보라고 제안했는지 눈치 챘나요? 우리가 살아가기 위해서 없어서는 안 될 '자연'에 대해 여러분이 더 관심을 갖길 샘은 바라고 있답니다. 자연이 어떤 역할을 하는지는 학교에서 배우거나 책이나 매체를 통해 많이 보았을 거예요. 하지만 우리는 평소에 그 소중함을 자주 잊지요. 왜냐하면 항상 당연하게도 우리 주변에 있으니까요. 산소가 없으면 사람은 숨 쉴 수 없는데도 평소 산소의 중요성을 인식하지 못하는 것처럼 말이죠.

또 자연이니, 환경보호니 하는 말들은 뭔가 거창하게 느껴져 잘 와닿지 않기도 하고요. 그렇다면 우리의 일상에서 흔히 볼 수 있는 작은 풀꽃들의 이름을 찾아보는 것부터 시작해 보면 어떨까요? 단순히 이름을 아는 것이 무슨 효과가 있겠냐고요? 관심의 힘을 믿어 보세요.

아파트 화단에서, 길가에서, 공원에서 흔히 볼 수 있는 이름 모를 풀꽃들은 어떤 이름을 갖고 있을까요? 어느 날 문득 발밑에 핀 앙증맞은 꽃을 보며 '무슨 꽃일까' 궁금했던 적이 없나요? 이름을 모를 때에는 그저 잡초지만, 이름을 알고 난 후에는 우연히 보게 될 때마다 미소 지으며 다가가는 특별한 존재가 될 거예요.

우리 주변에 흔히 있는 야생화들의 이름은 참 소박하면서도 재미있어요. 독특한 의미를 지닌 것들도 많지요. 봄맞이꽃, 꽃마리, 개불알풀꽃, 오랑캐꽃, 애기똥풀꽃, 며느리밑씻개, 며느리밥풀꽃, 은방울꽃, 담낭화, 초롱꽃, 쑥부쟁이, 구절초, 벌개미취, 산수국, 참나리, 개망초, 토끼풀꽃… 여러분이 알고 있는 야생화들의 이름도 같이 얘기해보세요. 그리고 더 많이 찾아보기로 해요.

**조금은 섬뜩한 세 가지 상상**

지금부터 눈을 감고 상상의 세계로 들어가 보아요. 우선 모든 자연이 사라졌다고 상상해 보세요. 늘 당연히 있던 아파트 화단의 풀, 꽃, 나무들. 길가의 가로수, 곤충들, 새들, 반려동물들까지도 어느 날 갑자기 사라져 버렸다면 과연 어떨까요? 집을 나서면 온통 아스팔트와 콘크리트 건물들뿐이고, 거리에도 차와 보도블록뿐이라면? 움직이고, 생명을 지닌 것도 오직 사람뿐인 세상이 온다면? 쉽게 상상이 되지 않죠? 봄이 와도 꽃 한 송이 볼 수 없고, 여름에 시원한 나무 그늘 하나 없는 세상 말이에요.

또 다른 상상을 해봅시다. 자연이 사라진 삭막한 세상에서 어느 날 우연히 작은 풀꽃 하나를 보았다면 어떨까요? 모든 자연이 사라지고 난 후에 발견한 작은 풀꽃을 지금처럼 무심하게 지나칠 순 없겠죠? 아마도 그 작은 생명을 신비롭게 바라볼 거예요. 작은 풀꽃이지만 우주만큼 큰 존재로 여겨질지도 몰라요. 문득 궁금해지겠죠? 작은 풀꽃의 이름이 무엇인지. 얼마나 사는지, 어떻게 해줘야 잘 사는지….

세 번째 상상을 해볼까요? 자연이 모두 사라져 버린 후에 사람들의 삶은 어떻게 변할까요? 우선 현재의 과학 기술로는 산소, 물, 식량을 공급할 수 없으니 인류는 멸망하게 될지 몰라요. 혹시 과학 기술로 그것들을 해결했다 해도, 자연이 하고 있는 수많은 역할을 모두 대신할 수는 없을 거예요. 심각한 환경오염과 기후 문제도 맞닥뜨릴 테지요. 자연이 없는 인류의 미래는 상상하기도 힘드네요.

자연이 사라진 후의 삶을 상상해 보니 샘은 끔찍하다 못해 무섭기까지 한데, 여러분은 어떤가요? 사실 사람은 자연의 일부분이에요. 그렇기 때문에 자연을 떠나서는 살 수 없는 존재죠. 우리가 이 세상에서 행복하게 살아가기 위해 자연은 꼭 필요해요.

**꿀벌의 가치가 150억 달러라고?** 얼마 전 미국의 오바마 대통령이 '꿀벌의 건강 및 기타 꽃가루 매개자를 촉진하기 위한 국가 전략'을 발표했다는 뉴스를 듣고 샘은 의아했어요. 바쁘디 바쁜 대통령이 꿀벌 문제까지 나설 필요가 있을까 해서요. 대통령까지 이렇게 관심을 갖게 된 것은 꿀벌이 농업에 매우 중요한데, 미국 내 꿀벌의 개체 수가 급격하게 줄었기 때문이래요.

미 농무부(USDA)에 따르면, 2014년 4월부터 2015년 3월까지 꿀벌의 폐사율은 42.1%에 달한다고 해요. 꿀벌의 수정으로 재배하는 과일, 야채 등 농작물이 전체의 70%가 넘는데, 경제적 가치로는 1년에 150억 달러 정도래요. 또 최근 하버드 대학의 마이어 교수는 꿀벌 같은 꽃가루 매개 곤충들이 사라지면, 과일과 채소의 생산량이 줄어 전 세계 한 해 140만 명 이상이 숨질 수 있다는 연구 결과를 발표했어요. 꿀벌이 농업에 끼치는 영향력이 실로 놀랍죠? 이러다가 많은 야채와 과일들이 우리 식탁에서 사라지지 않을지 걱정되네요. 샘도 꿀벌의 가치를 이번에 비로소 알게 되었답니다.

꿀벌이 급격히 줄자 농민들이 피해를 입게 되고, 자연 수분이 힘들어지자 '벌 도둑'이 기승을 부려 양봉업자들의 피해까지 심각하다고 해요. 이쯤 되니 대통령이 나설 만했다는 생각이 드네요. 오바마 대통령은 꿀벌의 감소로 인한 경제적 타격만이 아닌, 생태계의 변화도 우려하고 있어요. 그런데 이 생태계의 문제는 미국뿐만 아니라 유럽에서도 심각해지고 있어요. 최근 유럽의 벌과 나비, 새, 바다 생물들의 개체 수와 종류가 확연히 줄고 있거든요. 아마도 이 문제는 곧 지구 전체의 문제가 될 거예요.

꿀벌 하나의 가치가 이토록 큰데, 자연 전체를 생각하면 그 가치는 얼마나 클까요? 최근 해양 오염이 심각해지자 '갯벌'의 가치가 새롭게 조명되고 있어요. 그동안 갯벌은 쓸모없는 땅으로 여겨져 간척, 매립 사업으로 사라지거나 훼손되었어요. 갯벌은 바다와 육지 사이에 있으면서 두 환경 사이의 완충 작용을 해주는데, 그 가치를 모른 채 그저 개발 대상으로만 여기다가 폐해가 드러난 것이지요.

갯벌은 육지에서 나온 각종 오염 물질이 하천을 통해 바다로 흘러드는 것을 막아 주어, 해양 오염을 방지해 줘요. 또한 물을 흡수해 홍수를 막아 주고, 태풍이나 해일도 완화시켜 주지요. 많은 바다 생물들이 살아갈 터전이 되어 생태적 가치 또한 높아요. 이렇게 많은 역할을 하는 갯벌이 점점 사라지고 있으니 환경오염은 갈수록 심각해지겠죠? 그래서 최근 갯벌 보전 운동이 일어나고 있답니다.

그렇다면 우리 주변에 가까이 존재하는 '숲(산림)'은 어떨까요? 숲은 수많은 나무와 풀, 야생동물, 곤충, 미생물이 어울려 사는 완벽한 생태계랍니다. 그러므로 숲의 파괴는 생태계의 파괴와 직결되며, 사람의 삶과도 직접 연결된다고 할 수 있어요. 산림청 홈페이지에 나온 국립산림과학원의 '2010년 기준 산림의 공익기능평가'를 보면, 산림의 공익적 혜택을 연간 109조 70억 원으로 평가합니다. 다음 그래프를 보면 숲의 역할과 가치가 얼마나 다양한지를 잘 알 수 있을 거예요.

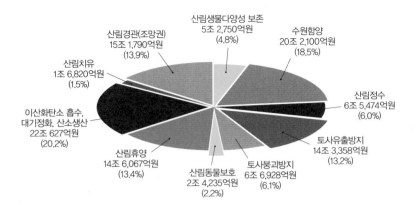

산림생물다양성 보존
5조 2,750억원
(4.8%)

산림경관(조망권)
15조 1,790억원
(13.9%)

수원함양
20조 2,100억원
(18.5%)

산림치유
1조 6,820억원
(1.5%)

산림정수
6조 5,474억원
(6.0%)

이산화탄소 흡수,
대기정화, 산소생산
22조 627억원
(20.2%)

토사유출방지
14조 3,358억원
(13.2%)

산림휴양
14조 6,067억원
(13.4%)

산림동물보호
2조 4,235억원
(2.2%)

토사붕괴방지
6조 6,928억원
(6.1%)

숲의 가치가 어마어마해서 놀랍지요. 대체 숲의 가치가 구체적으
로 무엇이길래 이런 평가가 나온 걸까요?

### 이산화탄소 흡수, 산소 생산 및 대기 정화 기능

산림은 기후변화협약에서 인정하는 유일한 탄소 흡수원이며 다른
대기오염 물질도 흡수해 온실가스를 줄여줍니다. 산림의 산소 공급
량은 3,800만 톤으로, 연간 1억 4천여만 명이 호흡할 수 있는 산소를
만든다더군요. 그래서 산림을 '지구의 허파'에 빗대기도 한답니다. 왜
숲에 가면 공기가 좋고, 몸도 마음도 가벼워지는지 아시겠죠? 뿐만
아니라 산림은 잎으로 태양 광선을 차단하고 수분을 증발시켜 온도를
조절함으로써 '지구의 에어컨 역할'을 합니다. 산림이 대기 오염을 막

아 주고 지구온난화를 해결할 대책도 된다니, 더욱 소중히 여겨야겠다는 생각이 들어요.

대기 오염과 관련된 놀라운 연구가 있어요. 삼성서울병원 정신건강의학과 김도관 교수 연구팀이 지난 2006년부터 2011년까지 우리나라 시도별 환경오염지수와 자살률의 상관 관계를 분석했어요. 그 결과, 미세먼지와 오존 농도 변화에 따라 자살률이 증가한다는 사실이 드러났어요. 대기 오염이 지속되면 우리 몸의 스트레스 호르몬 분비가 변화해 자살과 관련된 기분 장애를 일으킨대요. 특히 오존의 경우 세로토닌의 대사에 악영향을 끼쳐 자살 위험을 높인다고 해요. 우리나라가 OECD 국가 중 자살률 1위인 점을 볼 때, 간과해서는 안 될 연구인 것 같아요.

기후 얘기를 하다 보니 샘이 본 〈투모로우〉라는 영화가 떠오르네요. 급격한 지구온난화로 남극, 북극의 빙하가 녹고 바닷물이 차가워지면서 해류의 흐름이 바뀌어 지구가 빙하로 뒤덮이는 내용이었어요. 과학적으로 가능한 일일 수도 있겠다는 생각에 두려움을 느끼며 본 영화였지요. 그런 끔찍한 미래를 맞지 않으려면 지금부터라도 산림에 관심을 가져야 하지 않을까요? 얼마 전 마이크로소프트 창업자 빌 게이츠가 기후 변화를 막기 위한 기술 개발에 20억 달러(2조 2200억 원)를 투자하기로 했다는 뉴스는 그런 의미에서 참 반가운 소식이었어요.

## 수자원 보전 기능

산림은 토양에 빗물을 저장함으로써 홍수를 막아 주고, 가뭄에는 저장된 물을 유출하여 물이 마르지 않게 해줍니다. 또한 하천의 수질을 맑게 정화해 줍니다. 이런 기능들이 바로 수자원 보전 기능인데, 깨끗한 물의 원천이 산림에서 비롯된다고 할 수 있지요. 그래서 산림을 '녹색댐'이라고도 부릅니다. 전 세계 대도시 30개 이상이 숲에서 먹는 물을 공급받고, 현재 우리나라 숲이 1년간 공급할 수 있는 물의 양이 수자원 총량의 15% 정도이며, 그 규모는 약 192억t에 이른다고 합니다. 산림을 지키고 관리하는 것이 깨끗한 수자원을 지키는 길임을 알 수 있어요.

지금 지구에는 물 부족으로 고통 받는 나라들이 많아요. 거기에 비하면 우리는 참 행복한 환경에서 살아가고 있지요. 한때 아프리카에 우물 파주기 프로젝트를 방송하던 TV 프로그램이 생각나네요. 오염된 식수를 마시고 병들어가는 사람들. 인구 증가, 산업 발달, 환경오염, 지구온난화, 사막화 현상 등의 많은 이유로 미래 지구는 심각한 물 부족에 부딪칠 거라고 해요. 우리나라도 예외가 될 수 없겠지요. 우리가 지금부터 깨끗한 물을 지키려고 노력하지 않는다면 물 부족으로 고통 받는 아프리카 주민들의 모습이 우리의 미래가 될 수도 있답니다.

## 산림 경관 기능, 산림 휴양과 산림 치유 기능

'산림 경관 기능'은 산림의 형상, 색채, 분위기 등을 조망하는 가치로, 일상 경관과 다른 산림의 시각적 품질이나 미적 가치를 통해 인간의 감각이나 정신, 심리적인 면에 좋은 영향을 주는 것을 말해요.

'산림 휴양'은 일상에서 떨어진 산림에서 산책, 피크닉, 하이킹, 캠핑, 오리엔테이션 등의 행락과 스포츠 같은 휴양 활동을 해서 소비자의 후생을 높이는 기능이에요.

'산림 치유'는 병든 신체를 치유하는 기능으로, 인간이 생활하는 데 필요한 테르펜, 음이온, 피톤치드 같은 여러 물질들을 산림에서 얻어 쾌적감, 면역력 향상, 스트레스 해소, 아토피 같은 피부질환의 예방 및 개선과 치유에 도움을 주는 것을 말해요.

이 기능들은 현대 사회에서 갈수록 중요성과 가치가 커지는 것들이랍니다. 우리가 일상생활에서 가장 현실적으로 산림의 가치를 느끼는 기능이기도 해요. 각종 환경 문제가 늘어나는 지금 깨끗한 물, 맑은 공기, 아름다운 경관 등에 대한 사람들의 갈망이 커지고 있어요. 사람들은 숲이나 계곡에 놀러 가서 아름다운 경치를 보며 감탄하고, 맑은 공기를 마시며 행복감을 맛보지요. 여러분도 가족들과 피서를 가거나 학교에서 캠핑이나 소풍을 간 적이 있죠? 자연을 놀이터 삼아 즐거운 시간을 보낸 기억들이 있겠죠? 그게 바로 산림의 이 기능들을 맘껏 즐긴 것이랍니다.

자연의 가치는 정말 어마어마하죠? 사람은 자연에서 살아가는 데 꼭 필요한 식량과 공기와 물을 제공받을 뿐만 아니라 엄청나게 많은 혜택을 받으며 살아가고 있어요. 그것도 모두 공짜로요.

여러분의 어린 시절은 어땠나요? 아파트 화단의 풀숲을 뒤지고 다니면서 추억들을 쌓진 않았나요? 요새는 학원에 가느라 아이들이 자유롭게 놀 시간이 줄긴 했지만, 여전히 여름이면 매미나 잠자리를 잡는 아이들의 모습이 보이네요. 한번 돌이켜 보세요. 어린 시절 여러분이 얼마나 행복했었는지요. 풀꽃에 관심을 두지 않으면서 여러분의 삶이 더욱 삭막해지지는 않았는지요. 우연히 다친 새라도 보면 눈물을 흘리고 걱정하던 마음이 어느 순간 사라지고, 이제는 자신의 일이 아니면 웬만한 일에는 놀라지도, 가여워하지도 않게 되진 않았는지요.

여러분도 외롭고 짜증날 때나 스트레스 받을 때가 많지요? 그럴 때에는 가까운 공원에 가서 산책해 보세요. 학업과 입시 준비로 바쁜데 '한가롭게 숲길을 산책하라'는 샘의 얘기는 다소 어이없게 들리죠? 하지만 이건 정말 중요한 얘기예요. 늘 바쁘게 몰아치는 일상으로 인해 여러분은 주변의 많은 것들과 단절된 채 생기를 잃어가고 있어요. 그런 일상은 삶을 점점 외롭고 우울하게 만들어요. 지금 여러분에게는 지친 마음을 위로해 주고 생기와 활력을 주는 존재가 필요해요. 자연이 바로 그런 존재랍니다.

숲에서 나오는 피톤치드, 음이온, 풍부한 산소 등이 스트레스나 우울감을 덜고 안정감을 준다는 건 널리 알려진 과학적 사실이에요. 나무와 풀, 꽃향기, 흙냄새, 아름다운 새소리 등은 사람의 마음을 평온하게 해줍니다. 아름다운 꽃을 보고 기분 나쁜 사람이 있을까요? 짜증이 나거나 우울하다가도 숲에 들어서면 자신도 모르게 마음이 차분해지고 평화로워지는 기분을 느낄 거예요. 그뿐이 아니랍니다.

숲은 오감을 발달시켜 감각 능력과 지각 능력을 높이고 인성 발달에 도움을 줍니다. 또한 창의성도 높여 준다고 해요. 창의성과 공감 능력이 현대 사회의 주요 능력이 되어가고 있는데, 숲이 큰 도움을 줄 수 있지요. 지적 능력이나 논리적 능력은 정보화 시대에서 얼마든지 대체 가능해요. 하지만, 정서 능력이나 감성 능력은 사람만이 지닌 능력이지요. 샘은 여러분들이 자연에 관심을 가지는 작은 행동으로, 메마른 세상을 따뜻하고 촉촉하게 가꾸어 갔으면 해요. 여러분이 정서적으로 안정되고 풍요로운 감성을 지닌 사람으로 성장했으면 좋겠어요. 더불어 그 따뜻한 감성으로 다른 사람의 입장을 배려하고 공감할 줄 아는 사람이 되었으면 좋겠어요.

## 일주일 동안 쓰레기를 모은다면 얼마나 될까?

자신이 자연의 일부분임을 망각한 인간들은, 자연을 인간을 위한 도구로 전락시켜 인간의 생명마저 위협하는 수준으로 파괴하고 있어요. 자연도 사람과 마찬가지의 생명체이며 얼마나 소중한 존재인지 알았다면, 이제 자연을 지키기 위한 노력을 해볼 차례예요. 그러기 위해 작은 풀꽃 하나일지라도 주변의 생명들에게 관심을 갖고, 소중히 여기는 마음을 가지면 좋겠어요. 그러지 않는다면 우리 주변의 소중한 생명들은 점점 사라져 갈 거예요. 그렇게 되면 생태계는 파괴되고, 지구는 사람뿐만 아니라 어떤 생명체도 살 수 없는 곳으로 변하게 될 거예요.

혹시 '쓰레기 섬'에 대해 들어 본 적 있나요? 바다의 40% 이상을 쓰레기가 차지하는데, 그 쓰레기의 90%가 플라스틱이어서 '플라스틱 아일랜드'로 불리기도 한대요. 특히 태평양 한가운데에는 약 1억 톤 정도의 쓰레기 섬 두 개가 있는데, 큰 섬 하나가 한반도의 7배 크기라고 하네요. 쓰레기 섬은 주변 바다 생물들에게 치명적 위협이 되고 있는데, 주변 지역에서 잡힌 어류를 조사해 보니, 물고기 35%의 뱃속에 미세플라스틱이 있다고 해요. 또 쓰레기들이 침전되어 바다 환경은 점점 황폐해지고 있어요.

소비를 장려하는 자본주의 사회에서 우리가 무심히 버리고 있는 쓰레기. 하지만 쓰레기는 자연과 삶을 위협하는 심각한 원인이 되고 있어요. 미국 캘리포니아 출신 사진작가 그렉 시걸(Gregg Segal)은 이런 쓰레기 문제의 심각성을 알리기 위해 '쓰레기와 7일간의 동거(7 Days of Garbage)'라는 사진 시리즈를 발표했어요. 친구나 지인들이 쓴 일주일치 쓰레기를 모아 잔디 또는 모래 위에 놓고 사람들과 함께 하이앵글로 찍은 사진들이지요. 쓰레기와 인간과의 관계를 표현한 사진이랍니다. 생활 습관에 따라 쓰레기의 양이나 종류가 다르고, 쓰레기와 함께 누운 사람들의 표정도 매우 다양해서, 충격적이면서도 많은 생각을 하게 만들지요. 여러분도 일주일치 쓰레기를 모아 보면 얼마나 될까요? 어떤 쓰레기가 나올까요? 그동안 여러분은 분리수거만 잘하면 된다고 생각했을 거예요. 하지만 쓰레기를 줄이는 것이 최선의 방법이고, 재활용 분리수거는 차선이랍니다. 쓰레기 문제를 줄이기 위해 우리의 소비 문화를 바꾸는 노력이 필요해요.

인도에서는 빈곤한 아이들의 교육을 위한 모금 운동으로 '유니폼 프로젝트' 바람이 불었어요. 이 프로젝트는 한 인도 여성이 검은색 원피스에 소지품을 활용해 1년 동안 매일 다르게 코디해서 입은 걸 블로그에 공개한 것으로, 사람들의 주목을 받았어요. 이후 한 달에 원피스 한 벌로 코디하는 2차 프로젝트도 진행되었지요.

'유니폼 프로젝트'는 한 가지 옷으로 다양한 연출을 하는 '지속 가능한 패션'을 추구해요. 이는 우리의 소비 문화를 돌아보게 하지요. 외모에 민감한 여러분 또래는 아마도 패션에 관심이 많을 거예요. 현대 사회는 유행도 빠르게 변하고 저렴한 '패스트 패션'이 넘쳐나, 옷을 쉽게 사고 버리게 되었지요. 하지만 유행에 따른 스타일이 자신만의 개성이 될 수 있을까요? '유니폼 프로젝트'는 자신의 개성을 다양하게 연출하면서도 최소한의 소비로 환경을 지킨다는 점에서 느끼게 하는 바가 많아요.

최근 패션이나 인테리어 계통에서 '리사이클'을 이용한 재활용이나, 이를 넘어서서 새로운 제품으로 재탄생되는 '업사이클'에 대한 관심이 높아지고 있어요. 여러분들도 참여해 보는 건 어떨까요? 리사이클, 업사이클로 여러분의 옷이나 가방을 새롭게 변신시켜서 나만의 패션을 창조해 보는 것도 재미있지 않을까요? 개성과 아름다움을 추구하는 패션 감각을 드러내고, 동시에 자연을 지키는 여러분만의 프로젝트를 실천해 보는 것은 어떨까요?

자연을 지키는 '이 어메이징한 일'의 시작은 아주 작은 관심입니다. 우선 우리가 할 수 있는 일부터 실천해 보기로 해요. 꽃 이름을 찾아 보고 숲길을 산책하면서 자연에 더 관심을 갖자는 샘의 제안을 기억하죠? 더 나아가 자연을 지키는 '가장 효율적인 방법들'을 찾아 '실천' 하도록 노력했으면 좋겠어요. 물건을 아껴 쓰며 자원을 낭비하지 않는 것, 쓰레기를 줄이는 것, 친환경 제품을 사용하는 것 등 많은 방법들이 있답니다. 자연을 지키기 위해 자신이 할 수 있는 방법을 고민해 보고 이제부터 자신만의 프로젝트를 시작해 보세요! 여러분이 기획하고 연출하고 주인공이 되어, 자연과 사람의 미래를 지키는 멋진 활동에 함께하면 어떨까요?

김진숙 샘

# 어디든 좋으니 기부를 해보렴

**기대하지 않고 나누는 기쁨은
삶에 꼭 필요한 감동이란다**

**내 이름은
나눔 저금통** 선생님 반에는 작은 돼지가 한 마리 살고 있어요. 진
짜 돼지는 아니고, 분홍색 조그마한 돼지 저금통이
랍니다. 교실에 웬 저금통이냐구요? 그 귀여운 녀석의 이름은 '나눔
저금통'입니다. 학기 초에 교실 뒤편에 두고는 아이들에게 소개해 줬
습니다.

"여러분, '나눔'이라는 말 아나요?"

"네~. 알아요."

"역시! 우리 5반은 똑똑하네요. 그럼 '기부'라는 말도 아나요?"

"네, 알아요. 누구한테 뭐 돈 같은 거 막 주는 거예요."

"TV에 나오고 그러는 거예요."

참고로, 선생님은 현재 초등학교 2학년 학생들을 가르치고 있답니다. 아이들은 생각보다 '기부'라는 말을 많이 들어 보고 개념도 어느 정도 알고 있더라고요. 똑똑한 아이들이지요?

"저 저금통은 '나눔 저금통'이에요. 나눈다는 것, 기부한다는 것은 꼭 부자만 하거나, 어른들만 하는 것이 아니에요. 내가 가진 작은 것을 조금씩 모으는 것도 아주 큰 기부고 나눔이지요. 앞으로 선생님과 우리 반 모두가 저 저금통에 평소 아낀 용돈들을 조금씩 모을 거예요. 물론 자기가 넣고 싶을 때만 넣는 거예요. 안 넣어도 상관없어요. 다만, 자기가 꼭 넣고 싶을 때에 스스로 넣는 게 가장 중요합니다. 용돈을 넣었다고 선생님이나 친구들에게 자랑하는 일도 없으면 좋겠어요. 그저 스스로 나누려고 했다는 사실에서 기쁨을 찾았으면 좋겠어요. 그렇게 모인 돈들은 다음에 우리 반의 필요한 일에 쓸 수도 있고, 기부할 수도 있으며 또는 학교 밖 전혀 모르는 사람들을 위해서 쓰려고 해요. 대신, 어디에 쓸 건지는 꼭 학급회의를 통해 결정할 겁니다."

이렇게 설명하고 나면 제일 먼저 나오는 질문이 뭔지 아세요? 2학년도, 3학년도, 6학년도 공통적으로 나온 질문입니다. 정답은?

"10원만 넣어도 돼요?"

## 꼭 많이 가져야지만 나눌 수 있는 걸까?

'이렇게 조금만 해도 되는 거예요?'

'많이 가져야 기부할 수 있는 거 아닌가요?'

'저 정도만 내는 건 기부도 나눔도 안 될 테지요?'

어느 순간부터 우리는 작은 것을 나누는 일은 별것 아닌 것, 조금 더 심하게 말하면 부끄러운 것으로 여기고 있는 듯합니다. 반대로 많은 돈을 내는 것처럼 눈에 띄는 활동만을 우러러보게 되었습니다. 자연스럽게 기부는 돈이 많은 사람들, 혹은 아주 특별한 사람들(평생 폐지를 모아서 만든 돈을 전부 기부하거나, 시장에서 홀로 열심히 일해서 모은 돈을 모두 학교 장학금으로 기증하는 평범치 않은 일을 실천하신 분들)만 할 수 있는 일처럼 생각하게 된 것 같습니다. 그러면서 점점 더 나눈다는 행동이 나와 관계가 없는 일이 되어가고 있던 것은 아닐까요. 자율적인 나눔 저금통 앞에서도 이런 고민을 하게 됩니다.

'10원밖에 안 되는 돈을 넣어도 될까? 이건 기부하는 게 아닌 거 같은데?'라구요.

여러분도 혹시 그렇게 생각하시나요? 혹시 '쪽팔리게 10원을 어떻게 넣어?'라는 생각이 드나요?

자, 《나는 어린이 재능 기부왕》이라는 책에 나오는 잭 핸더슨의 이야기를 한번 들어 볼까요?

영국 스코틀랜드에 사는 7살 꼬마 잭 핸더슨은 우연한 기회에 자기가 그린 그림을 엄마 친구인 앤 톰슨 부인에게 20페니(1페니는 우리 돈으로 약 360원)에 팔게 됩니다. 엄마도, 아빠도 모두 대수롭지 않게 우연히 일어난 일로 여겨 버린 이 그림 판매 사건을 잭은 잊지 않고 있다가 엄청난 아이디어를 내게 됩니다. 바로 사람들에게 기부금을 받는 대신 그림을 그려 준다는 아이디어이지요. 열심히 하면 100파운드(1파운드는 우리 돈으로 약 1,800원) 정도를 모을 수 있지 않을까 기대하며 부모님의 도움을 받아 일을 시작하지요.

제목에 힌트가 많이 들어 있지요? 여러분도 잭이 그림을 파는 과정들이 어떻게 되고, 어떤 도움을 주었는지 책으로 확인해 보았으면 해요. 여기서 중요한 것은 기부를 시작하는 잭의 태도입니다. 아주 작은 금액에 그림을 판 잭. 행동 자체는 사실 별일 아닐 수도 있습니다. 꼬마 아이가 직접 그린 그림을 팔기 위해 가판대 위에 올려 두니 엄마의 친구 분이 귀엽게 여겨 작은 돈으로 사준 일은 주변에서도 흔히 일어날 수 있으니까요. 하지만 잭은 그 흔하디 흔한 사건에서 자신이 할수 있는 일을 발견하게 됩니다. 이것을 다른 사람에게 도움이 될 수 있는 일로 만들기 위해 고민해서 아이디어를 낸 것이지요. 자신의 재능을 이용하여 다른 사람들에게 도움이 될 방법을 만들어 낸 것입니다. 고작 7살짜리 꼬마가 말이에요. 잭의 이야기에서 살펴볼 수 있듯이 기부는 금액의 크고 작음이 중요한 것이 아닙니다. 꼭 어떤 단체를 통해서 해야 하는 것도 아니며, 시기가 정해져 있는 것은 더더욱 아닙니다.

　내가 누군가에게 도움이 되고 싶다는 마음가짐과 방법을 고민하는 진지함, 그리고 실천 의지가 가장 중요한 것입니다. 그렇다면 여러분들이 할 수 있는 기부는 무엇이 있을까요? 한 번도 생각해 보지 않았다면 지금부터라도 생각해 봐요.

　가장 쉽게 찾아볼 수 있는 방법으로는 용돈을 조금씩 모아서 특정 기부 단체에 기부하는 방법이 있을 거예요. 인터넷을 조금만 찾아보면 금세 할 수 있는 일들이지요. 작게는 몇천 원부터 많게는 몇만 원까지 지원해 줄 수 있어요. 아직 학생이라 스스로 경제 활동을 하지 않는 여러분에게는 한 달에 일정 금액을 기부하는 것이 어려운 결정일 거예요. 하지만 기부로 연결된 인연들과 소통하고, 내가 몰랐던 세계의 소식을 듣게 된다는 건 또 다른 기쁨과 의미가 되어 준답니다.

　비단 용돈만이 아니라 다른 방식으로도 기부할 수 있어요. 시간과 마음, 노력을 통해 가능한 일이 바로 기부지요. 자, 한 번 살펴볼까요?

## 헌혈 기부

　사실 헌혈은 하고 싶어도 못하는 사람도 있어요. 320ml 전혈 헌혈의 경우 만 16세를 지나야 가능하며, 혈압이 너무 낮거나 높아도 할 수 없어요. 남, 여 모두 일정 몸무게 이상이어야만 되고요. 그것뿐만이 아닙니다. 시간을 내서 헌혈이 가능한 곳을 찾아가야 하며, 헌혈 시간으로 30분 이상 투자해야 합니다. 한 번 헌혈을 하면 두 달간은 할 수도 없습니다.(이것은 전혈 헌혈에 해당하는 기준이며 참고로 전혈 헌혈 400ml와 성분 헌혈의 경우 남녀 모두 만 17세 이상부터 가능합니다. 성분 헌혈은 헌혈 시간이 2~3배 정도 더 걸리지만, 헌혈 후 2주가 지나면 다시 헌혈을 할 수 있다는 장점이 있습니다.) 여기에 더해 따끔한 주사에 대한 공포도 이겨 내야 하고요.

그렇기에 선생님은 여러분에게 헌혈을 해보기를 권합니다. 이토록 귀찮고, 신경 쓸 부분이 많지만, 마음만 먹으면 충분한 가능한 기부. 즉 마음먹기에 따른 기부 행위이기 때문이에요. 누군가를 위해 내가 좀 더 애쓰는 선택을 자주 경험하다 보면 기부가 자연스러운 행동으로 느껴질 것입니다. 또한 헌혈은 특별히 뭔가 노력한 것 같지는 않은데, 타인의 생명을 살릴 수도 있는 유용한 사회적 기부이며, 그로 인한 자부심이 매우 큰 경험입니다. 그런 경험을 빨리 하면 할수록 삶의 에너지는 더욱 충만해질 것입니다. 게다가 헌혈은 내가 하고 싶다고 해서 평생 할 수 있는 것이 아닙니다.

선생님은 고등학교 2학년 때 처음 헌혈을 하고, 고3 때부터 지속적으로 헌혈했습니다. 고3 때 도서관 근처 헌혈의 집에서 헌혈을 하면 빵과 음료수를 먹을 수 있고, 영화표까지 1장 주는 게 아니겠어요? 영화를 매우 좋아하는 선생님으로서는 공짜표가 너무 매력적이라서 꾸준히 헌혈을 시작했습니다. 조금 부끄러운 시작이기도 하네요. 중요한 건 그 다음입니다.

어느 날 무심코 책상 서랍 속에서 아무렇게나 쌓아 둔 헌혈증서들을 찾게 되었습니다. 그간 제법 많은 헌혈증서가 쌓여 있더군요. 헌혈증서에 쓰인 날짜를 무심코 살펴보니 정말 2달에 한 번(전혈 헌혈), 2주에 한 번씩(혈장 헌혈) 꾸준히 했더라고요. 그때 헌혈증서를 보면서 '내가 이렇게 여러 번 다른 사람에게 도움 되는 일을 했구나.'라는 생각이 들었습니다. 내 힘으로 누군가의 생명을 구할 수 있는 일에 동참했다는 기쁨은 말로 표현할 수도 없고, 누구나 다 가질 수도 없는 기쁨이랍니다. 여러분도 그 감정을 찾아보았으면 해요. 그 기쁨의 힘이 반드시 내 삶의 좋은 불빛이 되어 줄 것입니다.

## 재능 기부

앞서 이야기한 잭처럼 여러분도 자신의 재능들을 이용해서 여러 기부 활동을 할 수 있습니다. 재능 기부 역시 자신의 재능이 얼마나 뛰어난지가 기준이 되는 것은 아닙니다. 잭 핸더슨의 책을 보면 놀라실 겁니다. '아니, 저런 그림을 그런 가격을 주고 산단 말이야?' 사람들은 잭의 그림만을 산 것이 아닙니다. 다른 사람을 돕고자 하는 잭의 마음에 울림이 생겨 내가 도울 방법(돈을 지불하는 것)으로 잭의 그림을 산 것이지요. 마찬가지로 여러분에게 남들보다 압도적으로 뛰어난 재능이 있어야만 남을 도울 수 있는 것이 아닙니다.

'아이들과 잘 놀아 주는 것.', '남의 이야기를 잘 들어 주는 것.', '춤을 좋아하는 것.', '수학 문제를 풀 수 있는 것.', '집안 청소를 잘하는 것.' '안마를 잘하는 것.' 무엇이든 여러분의 재능이 될 수 있습니다.

문제는 이를 어떻게 기부 방법으로 만들어 내느냐 하는 것입니다. 잭처럼 새로운 방법을 만들어 내는 것도 좋지만, 사실 그렇게 하기가 쉽지 않습니다. 그렇다면 이미 만들어진 재능 기부 활동들 가운데 여러분이 가능한 것을 찾아보는 것은 어떨까요?

선생님은 여름 방학이면 초등학생 60여 명을 데리고 3박 4일 캠프를 갑니다. 근 20년째 이어져 오는 이 캠프는 선생님 약 15명 정도가 함께 갑니다. 아침 6시 30분에 일어나 저녁 11시가 넘어야 끝나는 3박 4일의 캠프는 체력적으로도 무척 힘들지요. 그런데도 왜 캠프를 가냐구요? 제가 할 수 있는 일이 아이들하고 놀아 주고 가르쳐 주는 것이기에 그렇습니다. 교사로서 아이들이 행복해 하는 일을 위해 내 작은 재능을 쓴다는 것이 기쁘기 때문이지요.

때로는 힘들고 지치기도 하지만, 내 작은 재능을 통해 누군가 행복하게 해줄 수 있다는 것이 그 마음을 잊게 합니다. 여러분의 재능도 그렇게 빛날 자리가 분명 있을 것이라고 믿습니다.

### 마음 기부

마지막으로 권하는 기부는 마음을 나누는 것입니다. 우리 주변에는 외로움에 힘겨워하는 사람들이 아주 많습니다. 가족이 흩어지면서, 경제적으로 어려워서 등 다양한 이유로 혼자 버티듯 살아가는 할아버지, 할머니들도 많이 계시지요. 홀로 지내는 분들을 찾아가 말동무가 되어 드리며 그분들의 얼어붙은 마음을 녹여 드리는 것입니다. 때로는 누군가가 내 옆에 있다는 것만으로 위로가 됩니다. 여러분이 그분들 곁에서 진정한 태도로 마음을 나누려고 한다면 많은 이야기를 하지 않아도 큰 위로가 될 수 있어요. 물론, 거동이 불편하셔서 평소 하기 어려운 일들을 도와드리는 것도 큰 힘이 되겠지요.

자원봉사센터와 같은 전국적인 기관을 통해도 되고, 연탄 나눔과 같은 봉사단체를 통할 수도 있습니다. 지역의 어려운 분들을 돕기 위해 지역의 종교단체나 주민자치단체 등에서 적극적으로 찾아보는 방법도 있습니다. 다만, 방학을 이용한 단기적인 활동이 많아서, 단기 활동부터 시작해서 점점 지속적인 마음 기부 활동이 되도록 방법을 찾는 것이 좋을 것 같습니다.

마음 기부는 꼭 집에서, 학교에서, 그리고 우리 동네에서 시작했으면 좋겠습니다. 집에서 가족과는 말 한마디 나누지 않으면서 다른 사람과 마음을 나눌 수 있을까요? 매일 보는 동네 아줌마, 아저씨들과 인사조차 하지 않고 무심히 지나가는 동네에서 마음을 나눈다는 것이 가능할까요?

마음 기부는 먼저 여러분의 가장 가까운 사람부터 시작했으면 좋겠습니다. 엄마와 아빠의 이야기를 들어 보며 공감해 주기, 학교 친구들을 관심 있게 살펴봐 주기, 아파트 경비 아저씨께 감사의 인사 전하기. 아주 사소한 일들이지만 여러분 주변에서 따뜻한 마음을 나눌 수 있는 일들입니다. 그렇게 주변에서부터 마음을 나눌 수 있는 여유가 있어야 다른 이들에게 진심으로 마음을 나누는 것이 가능해질 것입니다.

'이게 무슨 기부야?' 싶은가요? 하지만 그 별거 아닌 일들이 바로 다른 사람에게 다시 일어설 힘이 되고, 내일을 살 에너지가 된다고 선생님은 생각합니다. 기부라는 것은, 즉 무엇인가를 나눈다는 것은 대단한 일이 아닙니다. 내가 가진 감사함, 미안함, 고마움, 따뜻함을 상대방이 느낄 수 있도록 나누어 줌으로써 상대방이 행복해지는 것이 바로 나눔의 시작일 것입니다. 모든 거대한 일들은 작은 일부터 시작되고, 작은 일들이 쌓여서 비로소 큰 일이 되는 것이니까요.

## 왜 기부를 하고, 나누면서 살아야 할까?

가장 먼저 해야 할 이야기를 가장 나중에 하면서 끝내려고 합니다. 왜 지금, 공부하기도 바쁜 여러분에게 기부를 권하는 걸까요? '나'에 대한 정체성을 찾아가고 사회와 연결된 '나'를 찾아가는 십 대 시기에 기부 활동은 많은 영감을 주기 때문입니다. 기부를 통해 타인과 함께 살아가는 사람으로서 올바른 가치관을 세울 수 있고, 집, 교실, 학원 등으로 한정된 세계가 아닌, 세상의 다양한 면모를 볼 수 있습니다.

또한 나도 누군가를 직접 도울 수 있는 사람이란 긍정적 자아감은 여러분의 삶에 큰 양분이 될 것입니다. 그리고 무엇보다 지금 여러분이 기부를 한다면 나눔은 거창한 것이 아니라, 생활 속에서 자연스럽게 이루어지는 행동임을 익힐 수 있기 때문입니다. 맞습니다. 기부라는 것, 나눈다는 것은 많이 가져야만 가능한 것이 아닙니다. 마음을 나누는 작은 일에서부터 시작하는 것입니다. 이 작고도 중요한 메시지를 우리는 너무 잊기 쉬운 환경에 살고 있기에 더욱 중요합니다.

며칠 전 선생님은 식구들과 식당에 밥을 먹으러 갔습니다. 저희 테이블과 조금 떨어진 곳에서 밥을 먹던 아이가 저희 쪽으로 오더니 선생님의 4살배기 조카에게 몇 살이고, 어디서 왔냐고, 친근하게 물어보더군요. 자기는 6살이고 이 근처에 산다고 말하면서 말이에요. 적극적으로 물어보는 6살 여자아이와 달리 선생님의 조카는 아주 소극적으로 고개만 끄덕이고 있었습니다. 그 아이가 "밥 먹고 언니 또 올게" 하면서 자리로 돌아갔습니다.

5분 정도 뒤에 정말 그 아이가 또 왔습니다. 그러자 선생님의 조카는 그날 처음 본 언니에게 자기가 제일 좋아하는 '겨울왕국' 스티커 중 가장 큰 것 하나를 선뜻 떼어 주더군요. 찾아온 아이는 고맙다고 인사를 했고 둘이 어울려서 놀았어요. 다 놀고 자기 자리로 갔던 그 아이가 집에 가기 전에 인사하기 위해 우리 자리에 또 찾아오자 선생님의 조카는 또 한 번 자기 스티커를 떼어서 아무 말 없이 언니에게 건네주고 손을 흔들어 인사를 나누었습니다. 그 아이가 가고 나서 선생님이 조카아이에게 물어봤습니다.

"지우야. 언니한테 왜 스티커를 줬어?"

"언니가 좋아서."

"지우도 스티커를 좋아하는데 언니 주면 없어지잖아?"

"언니가 좋아하니까 좋아."


가끔 사람들은 왜 기부를 해야 하는지를 합리적으로 설명하려 합니다. 물론 그에 대한 적절한 답도 할 수 있겠지요. 하지만, 가장 큰 이유는 선생님의 어린 조카의 말에 담겨 있는 것 같습니다. 나눠 줌으로써 행복을 느끼기 때문이지요. 누군가의 눈에는 미련하게 자기가 가진 것을 퍼주는 행위로 보이겠지만, 그 행위로 인해 자신도 행복해질 수 있습니다. 조금 어려운 말로, 나눠 본 사람만이 가질 수 있는 공적행복감이 있습니다. 이 공적행복감을 4살짜리 조카 지우는 너무도 당연히 알고 있는 듯하더군요. 선생님은 여러분이 공적행복감을 느껴 보길 바랍니다. 공적행복감은 내가 '좋은 사람'이라는 확신을 주고, 그 확신의 힘으로 여러분은 삶을 멋지게 이끌어갈 것이랍니다. 그것도 하루 빨리 느껴 봤으면 합니다. 그래야 앞으로 공적행복감을 느낄 기회가 더 많이 있을 것이기 때문입니다. 이제야 그런 길을 찾아가려고 하는 선생님보다 여러분은 적어도 15년은 먼저 느껴 볼 수 있는 기회가 있습니다. 근사하지 않나요?

서영원 샘

# 우리 마을에 대해 알아보렴

마을은 삶을
더 다층적으로 보여 주는
작은 공동체란다

선생님은 아이들과 '우리 마을 알아보기' 수업을 한 적이 있습니다. 아이들 각자 스마트폰이나 디지털 카메라를 들고 등하교 때나 학원에 갈 때 다니던 길을 구석구석 살피고, 마음에 드는 장면을 찍은 사진을 모아 스토리북을 만드는 수업이었지요. 요즘 학생들은 내가 살아가는 동네에 대해 사실 관심이 별로 없습니다. 그저 이어폰을 꽂고 무심한 표정으로 걷거나 학교나 학원이 있는 장소로만 여길 뿐이지요. 그래서 우리 친구들에게 내가 사는 마을을 다니면서 동네의 모습을 사진으로 담고, 새로운 마을 지도를 만들기로 해본 것이지요.

아이들이 길을 나서기 전에 먼저 눈을 감아 보라고 했어요.

"얘들아, 지금부터 너희들이 나서는 길은 학교나 학원을 갈 때 항상 가는 길일거야. 새로운 것이 없을 거라고 생각하겠지만 오늘만큼은 동네 구석구석을 한 번 더 의미 있게 살펴봐 주길 바란다. 언제 생겼는지 모를 새로운 간판과 상점들. 무심코 지나쳤을 사람들을 오늘은 새롭게 만나게 되겠지. 그 모습들을 놓치지 말고 담아 왔으면 해. 그래서 나만의 마을 지도를 만들어 보자꾸나."

수업을 마치면 간식을 사주겠다는 말에 친구들은 걸을 때마다 사물 하나하나를 참 열심히 찍었습니다. 한 친구는 골목길 모퉁이에 서서 감나무를 찍기도 했고, 길을 걷다가 졸졸 따라오는 길 잃은 강아지를 찍는 친구도 있었어요. 할머니 몇 분이 골목길 대문 앞 의자에 앉아 이야기를 나누시다가 사진기를 들고 여기저기 찍는 아이들이 궁금해서 물어보시기도 했고요. 아이들은 오히려 집 앞에 나와 이야기를 나누시는 할머니들이 신기해 그 모습을 또 사진으로 찍었습니다. 아파트에 사는 친구들에게는 생소한 모습일지도 모르지요. 그제야 제 눈에도 마을의 모습들이 눈에 들어오기 시작했습니다. '어, 저 만화방은 언제 생겼지?', '저기엔 예쁜 십자수 상점이 있었는데?', '이쪽에는 유난히 카페들이 많은걸?' 천천히 동네를 걸으니 그곳에서 함께 살아가는 모습도 보이기 시작했지요.

아이들뿐만 아니라 수업을 진행하는 선생님조차도 너무도 생소한 동네의 모습이 눈에 들어왔어요. 아이들에게 저 모퉁이를 돌아서면 맛있는 떡볶이집이 있다고 자랑했는데 어느새 미용실로 바뀌고 없어서 당황하기도 했답니다. 그동안 우리 동네에 참 관심 없이 살았구나 싶어서 아이들에게도 마을에게도 미안해졌어요. 두 시간 넘게 사진을 찍으러 다닌 친구들과 동네 분식집에 자리를 잡고 앉았어요. 떡볶이와 튀김, 어묵을 앞에 놓고 아이들에게 물었어요.

"애들아, 오늘 사진 많이 찍었어? 어때? 마을을 돌아본 소감이?"

선생님의 질문에 떡볶이를 먹던 친구들이 하나씩 이야기를 하기 시작했어요.

"선생님, 전 우리 동네에 이렇게 많은 것이 있는 줄 몰랐어요. 매일 학원이랑 학교만 오고 갔거든요. 학원도 엄마가 태워 주실 때가 많았어요. 오늘 보니깐 우리 동네에는 없는 게 없더라고요. 제가 자주 가는 PC방이나 편의점 말고요, 화방도 있었고요. 아까 보드 게임방도 봤는데 3주년 기념이라고 행사하는 걸 보니 그곳도 벌써 3년이나 지난 거잖아요. 알았으면 빨리 가 보는 건데 아쉬웠어요. 그리고 주민센터가 언제 이사를 간 거예요? 철도길 건너에 있었는데 오늘 보니까 다 철거하고 버려진 콘크리트만 잔뜩 있더라고요. 어렸을 때 저 동네 살았는데 사라진 거 보니까 마음이 이상했어요. 새로운 아파트가 들어선다는데 그럼 제가 어릴 적 놀던 동네는 아주 없어지는 거잖아요.

사진이라도 찍어 둘 걸 그랬어요."

친구의 말에 옆에 앉은 친구들도 고개를 끄덕끄덕하네요. 항상 말수가 적고 내성적인 여자 친구는 수줍게 이야기를 시작했어요.

"전 동물을 많이 좋아해요. 강아지나 고양이를 제일 좋아하는데 엄마가 키우지 못하게 하세요. 그래서 항상 동물 키우는 친구들이 부러웠어요. 그런데 오늘 동네를 걷다 보니 집 없는 고양이나 강아지가 많았어요. 그래서 저는 한참 동안 고양이 사진을 찍었어요. 저를 졸졸 따라 다니는데 집에 데리고 가고 싶은 걸 꾹 참았어요. 이제는 학교에 가다가 고양이가 보이면 간식을 주려고요."

선생님에게 고양이 사진을 보여 주는 친구의 미소가 아주 예뻤답니다. 또 다른 친구의 이야기도 매우 흥미로웠어요.

"선생님, 전에 다른 동네에 사는 친구가 우리 동네에 오더니 원미동 사람들 같다고 했었거든요. 그때는 그 말이 무슨 뜻인지 잘 몰랐어요. 그냥 우리 동네가 그렇게 가난해 보이나 싶어서 창피했어요. 그런데 이제 그 친구의 말이 뭔지 알 것 같아요. 친구가 사는 동네는 아파트만 있어서 이렇게 옹기종기 주택이 모여 있는 곳을 보면 참 정겹게 느껴진대요. 요즘 아파트는 비밀번호를 모르면 들어가기도 어렵대요. 하지만 골목은 허락받지 않아도 되고, 사람들하고 만나기도 좋아요. 원미동 사람들이 그렇잖아요. 어느 집 숟가락이 몇 개인지 알수 있을 정도로 친하게 지낸대요. 제 친구가 원미동 사람들 같다고 한 말은 우리 동네가 참 좋다는 뜻인 것 같아요."

아이들과 맛있는 떡볶이를 함께 먹으며 나누는 우리 동네 이야기는 참 정겨웠어요. 선생님은 새삼 이렇게 정겨운 시간을 가져 본 적이 오랜만이라는 생각이 들었지요. 어쩌면 정이라는 것은 나와 너, 그리고 우리가 함께 살아가는 마을을 공유하는 기억과 시간에서 생겨나는 것이 아닐까 싶었어요.

동요 중에 '다 같이 돌자, 동네 한 바퀴'란 노래가 있습니다. 아이들과 우리 마을 스토리북 수업을 하면서 느낀 점은 이제부터 우리 마을을 자주 돌아봐야겠다는 것입니다. 마을은 단순히 우리 집이 있는 장소만의 의미가 아닙니다. 그저 이사하고 나면 나와 관계가 없어지는 장소가 아닙니다. 우리의 현재를 남겨 두는 곳, 그곳에서 함께 어울려 있는 사람들의 이야기가 있고, 이웃과 함께하는 기억과 정, 그리고 같은 공간을 공유하고 운영해가는 작은 공동체이기 때문이지요.

우리 동네라는 말만으로도 전과 다른 친근함을 느끼게 되듯, 우리는 공동체로서 마을을 보면 더욱 우리네 삶에 애정을 갖게 된답니다. 그리고 함께 더 잘, 행복하게 지내고 싶다는 생각이 피어나게 되지요. 여러분은 어떤가요? 저녁을 먹고 부모님 손을 잡으며 아이스크림을 먹으러 가는 아파트 뒷길이 전보다 더 정겹지 않나요? 이 친근한 길을 쓰레기 등으로 망치기보다는 잘 보존해서 오래토록 거닐고 싶다는 생각이 들지 않나요? 이제 조금씩 어느 곳보다도 편안한 마을의 풍경이 여러분의 마음에도 들어오지 않을까 합니다.

## 작은 공동체의 변화, 마을 안에서 꿈꾸기

선생님이 친구들에게 자주 하는 말이 있어요. "우리 동네로 놀러와~."

선생님이 어렸을 적에는 동네의 의미가 참 순박하고 정겨운 이름이었어요. 아침에 눈을 떠서 문만 열면 맞은편 친구네 집 대문이 보였고, 그 대문은 항상 열려 있었지요. 소리 한 번 지르면 다들 마을 공터로 몰려들었고 하루 종일 집에도 들어가지 않고 동네 곳곳을 뛰어다니며 놀았답니다.

상상이 되지 않는다고요? '이웃사촌'이란 말이 그냥 생긴 건 아니랍니다. 음식을 할 때면 좀 더 넉넉히 해서 옆집과 나눠 먹고, 좋지 않은 일이 있으면 함께 슬퍼해 주고 위로해 주었지요. 기쁜 일이 있으면 다 같이 축하해 주고, 내 일처럼 좋아했지요. 선생님이 어렸을 때 연탄가스를 마셔 고통스러운 적이 있었는데 옆집 아주머니가 동치미 국물을 먹여 줘서 회복했던 기억이 나요. 철모르는 시절의 옛 이야기지만, 그때는 정말 이웃의 도움이 아니었으면 큰일 날 뻔했지요. 그 모든 것이 작지만 알찬 우리 마을 안에서 벌어진 일들이었어요.

하지만 요즘은 그런 일들은 거의 없지요. 친구는 학원에 가야 만날 수 있는 존재이고, 집 건너편의 대문은 항상 굳건히 닫혀 있지요. 집에 있는 친구들은 주로 스마트폰이나 게임으로 여가를 보내지요. 꼭 시내에 나가야 놀게 많고 우리 동네는 무조건 재미없고 할 게 없다는 생각을 다들 하는 것 같습니다. 선생님에게도 중학생, 고등학생 자녀가 있는데 친구들과 약속이 있으면 주로 시내로 나가 놀더군요. 이제는 마을 안에서 논다는 생각 자체가 사라진 듯합니다. 마을 안에서 꿈을 꿀 수는 없을까요?

그런데 다시금 마을 안에서 많은 일들이 일어나고 있어요. 조금만 관심을 기울이면 마을에서 불어오는 따뜻한 변화의 바람을 맞을 수 있답니다.

얼마 전 마을을 돌아보면서 작은 카페를 하나 발견했어요. 우리 마을 사람들이 공동 운영하는 카페로, 유기농 아이스크림을 함께 팔며, 조촐한 마을 행사도 주최하는 곳이었지요. 선생님이 들렀을 때는 마침 우리 동네 밴드의 공연이 있었답니다. 푸근한 인상의 아저씨가 드럼을 치고, 젊은 청년들이 기타와 노래를 부르며 공연을 했어요.

우리 마을에 이런 공연을 하는 곳이 있다는 것도 매우 놀라웠지만, 더 놀라운 것은 참여하는 사람들이 생각보다 많다는 사실이었습니다. 작은 공연을 관람하러 온 동네 주민들로 카페는 북적였어요. 아이와 함께 온 엄마도 있었고, 머리가 희끗한 할머니, 할아버지도 있었지요. 카페 곳곳에는 아이들의 그림이 전시되어 있었어요. 한구석에는 다음 동네 행사를 알리는 팸플릿이 차곡차곡 쌓여 있더군요. 공짜로 공연을 보는 것도 좋았지만, 이렇게 동네 사람들과 함께 즐길 거리가 있다는 사실이 신기하기도 했습니다. 또, 나 역시 마을 공동체의 일원으로 참여해 보면, 생각보다 내가 도울 수 있는 것들도 많고, 내 힘이 쓰일 곳도 많다는 것을 알 수 있게 되지요.

이렇게 마을 사람들이 함께 어울리며 더 살기 좋은 마을로 만들기 위한 노력은 다양한 결실로 나타납니다. 한 예를 살펴볼까요? 면목동의 감성마을협동조합은 아이들의 건강한 먹거리를 위한 엄마들의 마음이 모여 '간식 카페'를 열기도 했지요. 우리 아이들이 불량식품을 먹지 않고 건강한 간식을 먹을 수 있게 하자는 엄마들의 노력이 더 포근한 마을을 만들어 나가는 데 일환이 된 것이지요.

아이들은 이곳에 들려 건강한 간식을 먹기도 하고, 테이블 한구석에서 숙제도 하고, 벽에 걸린 마을 공공 디자이너의 작품들을 보기도 합니다. 이곳은 마을의 사랑방 역할을 하며 이웃의 사는 이야기를 나누는 장소가 된 것이지요. 이곳이 생기기 전에는 얼굴도 몰랐던 이웃들과 친해지는 계기가 되고, 소소한 일상의 즐거움을 맛볼 수 있게 되지요.

마을을 가꿔 나가는 것은 아주 의미 있는 변화도 불러옵니다. 부산의 벽화마을은 도심 속 오지 마을을 새롭게 되살리는 효과를 불러왔습니다. 부산에는 한국전쟁 때 피난을 온 실향민들이 어렵사리 터를 잡고 살아가는 마을들이 있습니다. 피난을 떠나온 처지라, 가진 것이 없어 제대로 된 거처를 마련하지 못한 실향민들은 주로 산동네에 자리를 잡았지요. 가파른 오르막에 아슬아슬하게 판잣집들이 들어선 마을들에는 수도 시설 같은 설비가 제대로 갖춰지지 못한 집들이 허다했어요. 제대로 된 길도 없었으며, 무허가 주택들이었기에 관공서의 도움을 받기도 어려웠지요. 그렇게 낙후된 마을에 사람들의 관심도 점점 메말라 갔고, 그곳에 사는 사람들도 매우 고단한 하루들을 보내고 있었습니다.

그런 마을의 벽에 그림이 하나둘 그려지기 시작했습니다. 공공 프로젝트로 시작된 마을의 벽화는 마을에 그림만이 아닌 생기를 안겨다 주었습니다. 어둡고 허름하기만 했던 마을의 곳곳은 아이의 손을 잡고 거닐어도 좋을 동화 속 마을로 다시 태어났지요. 그중 가장 유명한 감천문화마을은 한국의 산토리니(그리스의 유명한 관광지, 지중해의 아름다운 건축물로 구성된 마을)로도 소개될 정도로 예쁜 마을 풍경을 자랑하고 있어요. 많은 사람들이 부산에 가면 이곳을 관광하기 위해 찾을 정도로 유명해졌지요. 감천문화마을의 벽화를 보기 위해 오는 사람이 늘어나면서 마을 주민들 역시 전보다 더 나은 환경에서 살아가게 되었지요. 아이들 역시 마을 안에서 더욱 밝은 꿈을 키워 가고 있지 않을까요?

이렇게 벽화 마을뿐만이 아니라, 조금만 더 관심 있게 살펴보면 우리 동네에도 마을 공동체의 손길이 닿은 곳이 꽤 많이 있다는 것을 알 수 있을 것입니다. 마을 공동체로 '생협'이나 '마을 책방', '아이 놀이 방' 등을 만들어 성공적으로 운영하는 동네들도 많이 늘고 있습니다. 함께 어울리면 더 이롭고 행복해지는 마을이 있다면 얼마나 좋을까 요? 선생님은 여러분이 그런 마을에서 이웃사촌과 함께 즐겁게 뛰놀 고, 꿈을 키워 가면 얼마나 좋을까란 생각을 해봅니다.

**임원영 샘**

# 지금 미워하는 친구에게
# 먼저 손을 내밀어 보렴

**먼저 다가선 후의 결실은
내가 제일 많이 받게 된단다**

만약에 우리가 로빈슨 크루소의 무인도에 가서 살게 된다면 어떨까? 아마 하루만 지나도 아빠와 엄마가 그리워지고 친구들이 보고 싶어질 거란다. 얼마간의 시간이 더 흐르게 되면 아마 늘 싸우던 형과 누나가 보고 싶을 거야. 그리고 좀 더 시간이 흐르게 된다면 무척 화가 났던 친구, 나랑 맞지 않다고 느낀 친구들까지 아마도 그리워질 거야. 우리가 원하든 원치 않든 세상에서 우리는 나, 너, 그리고 가족과 사회라는 다양한 연결고리를 맺은 채 살기 때문이야. 무인도에 가서는 이 다양한 연결고리의 부재를 더욱 절실히 느끼게 돼. 그리고 그 고리 하나하나가 얼마나 소중했는지를 여실하게 느끼게 되겠지.

이 다양한 연결고리 가운데는 미운 사람들도 분명 있을 거야. 앞으로 살아가면서 내가 감당하기 힘들 정도의 분노와 미운 감정이 드는 사람도 어쩜 만나게 될지 몰라. 선생님도 이렇게 미운 감정이 드는 사람에게 먼저 손을 내미는 행동은 절대 쉬운 것이 아니란 걸 알고 있단다. 이건 어른들조차도 힘든 행동이거든. 이건 미움이란 감정에 대해 곰곰이 생각해 보고 상대방을 이해해야만 가능한 행동이야.

그런데도 선생님이 너희에게 이것을 권하는 이유는 결코 쉽지 않은 과정이지만, 잘 겪으면 세상을 이해하는 뛰어난 시각을 얻을 수 있기 때문이야. 그것은 무엇을 통해서도 얻기 힘든 멋진 성장이 되거든.

**미움의 흔적이 제일 먼저 내 몸에 새겨진다면?**

미움이란 감정을 품게 되면 가장 많이 힘겨워지는 사람이 누구일까? 바로 나 자신이야. 누군가를 미워한다는 것은 매우 큰 에너지를 쓰는 행위거든. 이것은 비단 마음 영역만이 아니라 몸의 영역에서도 해당되는 부분이야. '나'는 나의 '몸'을 토대로 해서만 존재한다고 해.(참고도서 《몸, 태곳적부터의 이모티콘》 전희식, 변혜정, 이유명호, 조광제, 장회익, 안성찬, 강지수 지음, 궁리출판사)

몸은 자신의 영혼을 비추는 거울이자 우리가 세상과 소통하는 매개체이기도 해. 우리는 직접 몸을 움직여 먹고 자고 입고, 사랑하는 모든 행동을 할 수 있단다. 아주 소중한 매개체이지. 나의 사회적 정체성을 드러내는 가장 손쉬운 수단도 바로 몸이야. 개인의 성격이나 성향, 능력은 관찰되기 어렵지만, 몸으로 행하는 행동은 남에게 쉽게 관찰되기 때문이지. 때문에 누군가를 미워하는 것 역시 몸을 통해 드러나고, 내 몸에 새겨지게 돼.

미움이 묻어나는 표정, 가빠 오는 숨, 격하게 뛰는 심장, 손아귀에 맺혀 오는 땀방울, 떨리는 목소리. 미움의 감정을 고스란히 담은 몸은 아주 솔직하게 그것을 보여 준단다. 미움을 잘 해소해 내지 못하면, 우리의 몸은 그런 미움을 일으키는 대상 앞에서 격렬하게 반응을 해. 이것이 습관화되면 그와 비슷한 상황만 되어도 반응이 나올 수 있어. 몸에서 풍기는 부정적인 기운은 상대에게도 전달될 수 있단다. 그뿐만이 아니야.

우리 몸은 물이 70%로 이루어져 있단다. 이 물의 특성을 연구해서 발표한 《물은 답을 알고 있다》 저자 에모토 마사루는 '눈(雪) 결정은 하나하나가 모두 다르다'는 사실에 착안하여, 8년 동안 다양한 물 결정 사진을 얻어냈어. 그 결과 '사랑, 감사'라는 글을 보여 준 물에서는 아름다운 육각형 결정이 나타났고 '악마'라는 글을 보여 준 물은 시커먼 부분이 주변을 공격하는 듯 형상이 나타났다고 해. 또 "고맙습니다"라고 말했을 때는 꽃 모양을 보여 주었지만, "망할 놈" "바보" "짜증나네. 죽여 버릴 거야" 같은 부정적인 말에는 일그러지고 색도 어둡고 침침해 형체를 알아보기 힘든 형상이 나타났대.

우리 몸속의 물 역시 마찬가지야. 우리가 미워하는 감정에 휩싸여 있으면 몸속 물의 결정체들도 점점 모습이 변하게 된다는 거지. 우리 안의 미움이나 폭력, 부정적인 생각은 타인만 병들게 하는 것이 아니라 결국 나도 같이 병들어 가게 해. 내 몸에 미움의 흔적을 강하게 새긴 채 말이야.

선생님도 누군가와 다툰다거나 미워하게 되면 기분이 좋지 않고, 하루 종일 얼굴이 붉어지거나 몸에 잔뜩 힘이 들어간 채 보내는 날이 있단다. 이런 날은 왠지 일도 잘 안 풀리게 되지. 실제로 화를 많이 내는 사람의 얼굴과 수녀님이나 스님 같은 종교적으로 평화와 사랑을 실천하는 분들의 얼굴에는 큰 차이가 있단다. 미움을 잘 해소해낸 마음 상태가 얼굴에 나타나고, 그에 따른 행동으로 사람들에게 존경과 호감을 받게 되는 거야.

나를 정말 아끼고 사랑한다면 내 몸에 미움의 흔적을 남기지 않겠지? 이렇듯 미움을 잘 해소하고, 이해하는 것은 나를 사랑하기 위한 방법이 되기도 한단다.

## 나를 치유하고 행복하게 하는 공감의 힘

누군가를 미워하는 것은 그 사람을 향한 관심의 또 다른 표현이 되기도 해. 아예 관심이 없는 사람에게는 미운 감정도, 좋은 감정도 아무것도 들지 않기 때문이야. 그 친구와 함께 잘 지내고 싶은 마음이 커서 그러질 못하는 현실이 매우 안타깝고, 그 책임을 그 친구에게 돌리고 싶기도 한 것이지. 그 친구에 대한 내 미움이 커질수록 그 친구도 그 미움을 느끼게 돼. 왠지 모르게 그 친구 역시 나를 미워하는 것 같은 기분이 들기도 해. 이것을 심리학에서는 '투사'라고 하는데, 내 미움의 감정이 마치 그 친구 역시 나를 미워한다고 느끼게 만드는 거야. 관계는 더 멀어지고, 왜곡될 여지가 커지지. 미움으로 인한 감정적 소모가 커질수록 관계를 회복하고 싶다는 욕구도 늘어나게 된단다. 그 친구와 친해지고, 행복한 관계를 맺고 싶다는 것은 마치 본능과도 같다고 할 수 있어. 인간은 사회적 동물이라 원활한 관계 속에서 자신의 유능함과 자존감을 확인하게 된단다.

분명한 것은 우리는 다른 사람을 내 맘대로 바꿀 수는 없다는 거야. 내 마음대로 바꿀 수 있는 것은 바로 나 자신밖에 없단다. 그러기 위해서 우리는 좀 더 상대방을 더 이해하려고 노력하고, 공감해 보는 것이 좋아. 미워하는 사람에게 손길을 내밀기 위해서는 먼저 나와 상대를 자세히 알고, 그 입장을 이해하려 노력해야 해. 왜 상대에게 이런 감정이 드는지, 왜 상대는 나에게 이런 행동을 했는지 충분히 살피고 그 마음을 공감해야만 가능해지거든. 공감을 통해서 우리는 상처를 치유할 수 있고, 또 행복감을 맛볼 수 있단다.

오프라인보다는 온라인으로 관계의 장이 이동되고, 점점 얕고 피상적인 관계가 만연되는 요즘 사회에서 이런 공감은 쉽지 않은 능력이 되고 있지. 친구 간의 사소한 갈등이건, 세계 곳곳에 일어나는 거대한 분쟁이건 그 배경에는 타인을 향한 공감이 없어지는 현실이 자리해.

영어 단어 '공감(empathy)'은 'en(안)'과 'pathos(고통, 열정)'가 합쳐진 그리스어에서 파생된 말이야. '공감(共感)'은 '상대방의 경험, 정서, 생각 등을 그 입장에서 이해하고 느끼는 감정적 공유 상태'를 말해. 또한 '동정(同情)'은 '남의 어려운 처지를 자기 일처럼 알아주거나 가엾게 여기는 마음'이야. 동정은 상대방의 아픔과 고통에 대해 내 입장에서 이해하고 동의하는 수동적 행위라면 공감은 상대방의 아픔과 고통을 상대 입장에서 함께 이해하고 느끼는 능동적인 행위라고 할 수 있단다. (참고도서 《공감의 시대》 제레미 리프킨 지음, 민음사)

이러한 공감 능력을 키우는 것은 결과적으로 내가 더 행복해지는 길이고 세상을 따뜻하게 만드는 길이야. 최인철 서울대 심리학과 교수님에 따르면 인간의 본성을 긍정적으로 보는 사람들이 긍정적 행동을 더 자주하게 된대. 실제로 그런 사람들이 많아질 때에 사회가 공유하는 인간에 대한 생각들이 바뀌게 되고 사회가 변하게 된다는 것이지. 사회적 관계의 힘, 내 옆 사람이 행복해지면 내가 행복해질 확률이 높아진다고 해. 미래 사회의 주축이 될 너희가 공감의 힘을 바탕으로 긍정적으로 사람을 보고, 사회적 관계를 만든다면, 우리 미래는 더욱 밝아지리라 믿는단다. (참고도서 《이기적 원숭이와 이타적 인간》 마이클 토마셀로 지음, 이음)

누군가를 미워하는 것이 인간의 본성을 거스
르고, 누군가를 이해하고 공감하는 것이 인
간에 본성을 따른다는 것에 대한 재미있는 이야기가 또 있어.

1998년 하버드 대학의 데이빗 맥클랜드(David McClelland) 박사 연
구팀은 흥미로운 실험 결과를 발표했어. 사람의 침에는 면역항체
Ig A(면역 글로블린 항체)가 있는데, 근심이나 긴장이 지속되면 침이 말
라 이 항체가 줄어든다고 해. 맥클랜드 박사는 하버드 대학생 132명
의 Ig A 수치를 확인한 후 인도의 캘커타에서 환자들을 돌보는 테레
사 수녀의 다큐멘터리 영화를 보여 주었다고 해. 놀랍게도 영화를 보
고 난 후, 학생들의 Ig A 수치가 대부분 50% 정도 증가했다고 해.

맥클랜드 박사는 "선한 행동을 직접 하지 않았더라도 그 행동을 보
거나, 듣거나, 그에 대한 책이나 영화를 보는 것만으로도 감동받게
되면 면역력이 높아지는 생물학적 사이클의 변화(Entrainment)가 생긴
다."라고 이야기했단다. 이 연구 결과를 '마더 테레사 효과(The Mother
Teresa Effect)'라고 불러. 이 이론에 따르면 내가 직접 선한 행동을 하
지 않고 단지 타인에 대한 좋은 행동을 보거나 생각만 해도 면역력이
높아져 건강이 좋아진다는 거야. 이 연구 결과가 매우 놀랍지 않니?
인간은 역시 선한 감정과 잘 맞고, 인체에도 더 도움이 된다는 것이
과학적으로 입증된 셈이지. 그뿐만이 아니야.

남을 도우면서 최고조의 기분에 다다르는 것을 '헬퍼스 하이

(Helper's High)'라고 해. 하버드 대학교의 의료진에 따르면, 남을 돕고 난 후 거의 모든 경우 심리적 포만감 즉, '하이(High)' 상태가 며칠 또는 몇 주 동안 지속된대. 앞서 살펴본 미움의 흔적이 몸에 새겨지는 것과 마찬가지로, 선한 감정도 몸에 영향을 주지. 혈압과 콜레스테롤 수치가 현저히 낮아지고 엔도르핀이 정상치의 3배 이상 분비돼 몸과 마음에 활력이 넘치게 된단다. 실험 결과에 따르면 대부분의 사람들이 남을 도우면 정서적 포만감을 느끼게 되는데 이것이 인간의 신체에 몇 주간 긍정적 변화를 준다는 거야.

어려움에 처한 친구를 돕는 행위, 어려운 이웃을 돕는 행위, 약한 친구를 돕는 행위는 우리를 건강하고 행복하게 해. 반대로 친구나 이웃을 미워하고 괴롭히려 한다면 우리는 마음도 다치지만 건강에도 좋지 않은 영향을 받게 돼.

'헬퍼스 하이(Helper's High) 무작위적 친절행위(Random Acts of Kindness)'라는 사이트가 있단다. 건강한 인간관계를 만들고 행복한 사회를 이끌기 위해 친절한 행위를 하자는 운동 단체야. 미움을 해소하고 친절을 베풀면, 그 친절을 받은 사람들이 또 다른 사람들에게 친절을 전해 주어 마치 릴레이식으로 전파를 시키는 운동이야. 이를 '에피데믹' 효과라고도 해. 즉 전염, 전파된다는 뜻이지. 이러한 긍정의 느낌은 우리에게 희열감, 극치감(High)을 주고 장기적인 정서 건강을 지켜 주어 가장 큰 평화 행동이라고 볼 수도 있단다.

단순히 미움을 해소하고 상대를 이해하고, 관계를 회복시키려는 작은 노력이 얼마나 큰 움직임을 불러일으키는지 너희도 관심 있게 봤으면 해. 그리고 더 나아가 미운 친구에게 먼저 손을 내미는 성숙을 발휘해 봤으면 해. 너의 작은 시도가 밝은 조명이 되어 사회를 구석구석이 비춰 줄 수도 있단다.

## 미움이 공감과 이해로 바뀔 때 비로소 보이는 것들

"미움으로는 미움을 이길 수 없습니다."
이 말은 중국에 나라를 빼앗기고 티베트 임시 정부를 이끌고 있는 고승 '달라이 라마'가 한 말이야. 폭력은 폭력을 낳을 뿐이란다. 미움과 폭력에 대해 똑같은 방법으로 맞설수록 평화는 점점 더 멀어져만 가기 때문이지. 달라이 라마는 평화를 이루기 위해 용서와 화해, 대화와 소통을 선택해야 한다고 전 세계에 메시지를 전하고 있어. 지금 우리의 평화로운 선택이 평화로운 세상을 만드는 일이라면 타인을 향한 미움을 해소하고 이해와 공감을 위해 좀 더 노력해야 하지 않을까?

그렇게 조금씩 노력하다 보면 친구나 부모님, 선생님, 다른 사람들로부터 받은 마음의 상처나 미움의 흔적이 회복되어 갈 수 있단다. 우리는 감정을 다루는 방법이 아직은 완숙하지 않기 때문에 가끔은 다치고 화가 나기도 하거든. 몸과 마음이 건강한 어른으로 자라기 위해서는 공감과 소통을 위해 좀 더 노력했으면 해. 이 감정에 대한 작은 실천이 결국 너희들이 어른이 되었을 때는 전쟁도 없고, 가난도 없고, 인종 차별도 없고, 다툼도 없는 세상을 만드는 거름이 될 거란다.

우리 사회는 아직도 미움의 흔적으로 고통 받고, 공감이 없어 외로운 이들이 매우 많아. 우리 사회만이 아니라 세계 곳곳에도 많은 분쟁으로 고통 받는 이들이 많단다. 그런데 공감의 힘은 실로 위대하고, 미움을 해소하는 능력은 매우 광범위해. 학교와 학원을 다니느라 바쁜 하루에도 너희의 마음이 열려만 있다면 미움으로 고통받는 이들의 처지를 충분히 공감할 수 있을 거야. 우리와 관련된 무수한 연결고리에는 정의 구현, 비폭력과 같은 사회의 한 목소리도 있단다. 자, 이제 너희가 행복한 미래에서 살아가기 위해 공감의 힘을 발휘해 미웠던 그 친구에게 먼저 손을 내미는 건 어떨까?

김영연 샘

# 버킷리스트를 만들어 보렴

**오늘 하루에 충실하는 삶이
얼마나 가치 있는지 알게 될 거야**

'버킷 리스트'라는 말을 들어 본 적이 있나요? 한때 동명의 책, 영화가 나오고 다양한 방송 프로그램과 같은 각종 미디어에 버킷 리스트라는 말이 등장할 만큼 '버킷 리스트 열풍'이 불었습니다. 버킷 리스트의 버킷은 '양동이(bucket)'란 뜻으로 중세 시대에 교수형 집행 시 쓰이던 양동이를 말합니다. 즉 양동이에 오른다는 것은 죽음이 얼마 남지 않았다는 것을 의미하므로, 버킷 리스트란 '죽기 전에 꼭 해야 할 일들에 대한 목록'을 말하는 단어로 쓰이게 되었지요.

어원을 살펴보니 조금 섬뜩하기도 하지요? 이 버킷 리스트는 살아있으면서 꼭 해보아야 할 일들을 생각하며, 그것을 실천하는 삶을 뜻

합니다. 그것은 결국 '나는 누구인가', '나는 지금 무엇을 하고 싶은 걸까?'라는 생각의 길로 이어지게 되지요. 청소년인 여러분이 어쩌면 가장 열심히 해야 할 질문이 바로 이것 아닐까요?

## 유한하기에 더 뜻 깊은 것들

혹시 아침에 일어나면 오늘 하루에 대한 기대감에 부풀어 있나요? 부족한 잠을 가까스로 이겨 내고 억지로 일어나 학교를 향하고 있지는 않나요? 미래를 생각하면 언제나 불안하고, 멋지고 혹은 잘나가고, 혹은 당당한 어른이 되고 싶지만, 지금의 나는 어쩐지 그런 어른과 거리가 멀어 보이지는 않나요?

선생님도 그랬어요. 청소년 시기에 학교는 너무도 재미없었고, 하루는 지루했지요. 친구들과 노는 것도 때로는 시시했어요. 왜 이렇게 되는 일도 없는 걸까 싶었고, 오늘 하루에 대한 기대도 별로 없었지요. 왜냐면 그 무렵 선생님의 하루는 무척이나 똑같았거든요.

매일 반복되는 하루. 일어나 학교를 가서 수업을 듣고, 친구들과 틈틈이 어울리다 밤늦게 공부를 마치고 집에 들어오는 일과. 자유와 행복은 어른이 되어서야 가능한 꿈 같았지요. 지금은 무조건 공부 그리고 대학 입시. 이것이 최우선이니까 많은 자유와 행복, 감정은 그 다음으로 미뤄야 하는 것이라고 생각했어요.

그때보다 수십 년의 세월이 흐른 지금의 청소년인 여러분도 비슷해 보여요. 어른들은 십 대 청소년이 눈부신 청춘이라고 말하지만, 실상 여러분의 얼굴은 지친 기색이 역력할 때가 많아요. 왜일까요? 여러분은 지금의 행복을 담보로 하여 어른이 된 미래를 위해 정진하고 있어요. 오늘의 만족보다는 내일, 혹은 미래의 만족을 위한 하루를 보내지요. 그러니 오늘의 의미는 점점 없어지게 돼요. 오늘 하루에 대한 기대가 없어지는 거지요. '오늘은 무슨 일이 일어날까?'란 기대 없이 습관적으로 하루를 지내고 마는 거예요.

선생님은 최근 들어 청소년들의 우울감이 늘어나는 이유, 혹은 충격적인 일탈 사건이 느는 이유도 바로 여기에 있지 않나 생각해요. 십 대의 뜨거운 에너지를 마음에 품고 있는데, 그 에너지를 마구 발산해도 모자랄 판인데, 자신의 하루조차 주도적으로 이끌지 못한다면 얼마나 김이 빠질까요? '지금은 미래를 준비하는 시간'이라는 미명 아래, 하고 싶은 일을 미루고 습관처럼 학교와 학원만을 오가며 보내는 하루들. 게다가 그렇게 정진했는데도 성과가 기대 이하로 나오면, 그간 공부해 온 시간도 쓸모없는 것처럼 느껴지기도 해요. 앞으로도 뚜렷한 성과나 결과물이 없다면 의미 없이 흩어지고 마는 시간이 과연 지금의 '오늘'일까요?

선생님은 여러분이 '오늘'이 언제까지나 주어지는 시간이 아니라는 걸 알았으면 해요. 이왕이면 최대한 빨리 말이에요. '어제 죽은 이가 그토록 살고 싶어 하던 내일이 바로 오늘'이라는 말을 들어 봤지요? 우리의 삶은 유한하고, 다양한 변수들로 가득 차서 그 끝이 언제인지는 알 수 없어요. 인간의 수명은 늘어났지만, 누구에게나 긴 시간이 주어지는 것은 아닙니다.

"삶은 늘 제한되어 있어요. 그러니 낭비하지 마십시오."

이것은 췌장암 판정을 받은 후 스티브 잡스가 스탠포드 대학의 졸업식에서 연설한 말입니다. 스티브 잡스는 우연히 건강검진을 받고 급작스럽게 6개월 시한부 판정을 받게 됩니다. 그 후 스티브 잡스는 치료를 병행하면서도 '오늘'에 더욱 충실히 살고자 노력했습니다. 하루하루가 소중하기 때문에 더욱 가치 있게 살려고 노력했지요. 그러면서 삶은 유한하기에 더욱 빛난다는 것을 실감하게 됩니다. 삶이 언제까지나 이어진다면 과연 이렇게 '지금'에 충실할 수 있을까요? 여러분이 마치 습관처럼 오늘을 보내듯 매일을 소비하고 있지는 않을까요?

아직 십 대이고, 젊은 여러분에게 이 이야기가 뚜렷하게 와닿지는 않을 수도 있겠어요. 그렇지만 십 대 시기에 '오늘'이란 시간이 유한하고, 그렇기에 더없이 소중하다는 의미를 아는 것은 매우 중요합니다. 시간은 누구에게나 공평합니다. 시간의 소중함, 그리고 지금의 소중함을 안다면, 그렇다면 곧 다가올 20대에는 더 큰 용기와 적극적인 자세로 발걸음을 내딛을 수 있을 테니까요. 누구의 눈치도 보지 않고 '나의 오늘'을 주도적으로 살아가며 행복한 삶을 위한 실천을 해나갈 테니까요. 선생님은 그 긍정의 힘으로 여러분이 세상을 향해 거침

없이 나가기를 바랍니다.

**행복한 삶을 향한 로드맵 만들기**  행복한 삶이란 어느 날 갑자기 '짠'하고 완성품으로 되어 나타나는 것이 아니랍니다. '삶'이라는 완료형 단어로 표현되어 그렇지 삶은 언제나 진행형입니다. 바로 여러분이 최선을 다해 살아낸 '오늘'이 차곡차곡 쌓여서 삶이 되는 거지요. 그렇다면 오늘을 어떻게 보내야 할까요? 학생의 본분인 공부를 열심히 하는 것도 매우 중요합니다. 학교 수업을 들으며 배움의 폭을 넓히고, 나도 몰랐던 지적 호기심을 키워야 하지요.

또한 내가 하고 싶은 일은 무언지에 대한 질문도 계속 던져야 합니다. 현대 사회에서 일은 자신의 정체성을 대변하는 중요한 매개이지요. 사회와 나 자신의·내면을 이어 주는 수단도 되어 줍니다. 때문에 선생님은 자신에게 어떤 일이 맞는지, 또 어떤 일을 하고 싶은지를 끊임없이 물어봤으면 합니다. 세상 속의 존재로서 나를 바라보고, 나로 살아가는 선택 앞에 자주 서 봤으면 합니다. 여러분이 자신의 앞가림을 하는 재미를 터득했으면 합니다. 주어진 일을 수동적으로 하는 삶보다는 하고 싶은 일을 즐기며 하는 삶이 더욱 즐거우리란 것은 당연하니까요.

또한 행복감을 느낄 때가 언제인지도 곰곰이 생각해 봤으면 합니다. 성과주의, 자본주의 사회를 살아가는 우리는 '결과'에만 의미를 부여하는 사고방식에 익숙합니다. 하지만 삶에는 결과보다 긴 과정이 더 많습니다. 그렇기에 우리는 과정 속에서 언제 행복감을 느끼는지 스스로 물어봐야 합니다.

누가 나를 웃게 하는지도 한번 떠올려 보세요. 친한 친구, 가족, 우리집 강아지…. 언제나 내 옆에 있어 주는 것이 당연하다고 생각했던 존재들을 떠올려 보세요. 오늘이 유한하다고 생각하면 이들과의 시간도 무척이나 각별해집니다. 이들과 웃으며 살기 위해서 할 수 있는 것은 무언가 고민하게 되지요.

의미 있게 사는 삶은 무엇일까도 생각해 보세요. 여러분이 커갈수록 여러분 주변의 영역은 점점 확장이 됩니다. 학교에서 사회로, 우리나라에서 세계로 점점 넓어지는 자기 삶의 영역에 어떤 발자국이 의미가 있을지 진지하게 생각해 보길 바랍니다.

자, 이제 공책을 펼치고 여러분만의 버킷 리스트를 적어 보세요. 버킷 리스트는 '오늘'이 차곡차곡 쌓여 이루어진 '삶의 과정'을 더욱 행복하게 걷기 위한 지도입니다. 행복한 삶을 향한 로드맵을 만들어 나가자는 겁니다. 버킷 리스트. 죽기 전에 꼭 해보고 싶은 일을 꼽는 다는 것은 어떤 의미일까요? 유한한 삶을 막연히 '행복하게 살아야지'가 아니라 구체적으로 행복하게 만들기 위한 실천 강령을 만드는 일입니다.

①몸짱 되기 ②악기 하나 다루기 ③춤짱과 노래짱 되기 ④전교 성적 10% 안에 들기 ⑤야구장 10번 이상 가기 ⑥친구들과 하이킹 가기 ⑦아버지 어깨 주물러 드리기 ⑧전 가족이 여행하기 ⑨가족이랑 시장 보기 ⑩엄마를 도와 청소하기……

참 구체적이고 다양한 일들이 나왔지요? 이것은 선생님이 아이들에게 물어본 버킷 리스트입니다. 그중 "친구들과 하이킹 가기", "가족이랑 시장 보기"가 눈길이 가네요. 몇몇은 마음만 먹으면 지금 당장 실천할 수 있는 것들이기도 합니다.

소박하면서도 정감 있는 목록을 볼 때면 선생님은 행복은 어쩌면 거창하고 화려한 것과는 거리가 멀 수 있음을 실감합니다. 전교 성적 10%, 춤짱, 몸짱, 노래짱 등 자신의 멋져 보이고 싶은 것은 무엇인지도 드러나네요. 버킷 리스트를 써보면서 여러분이 품고 있는 열정의 색깔은 무엇인지도 한번 살펴보길 바랍니다. '잘해야 하는 일'이라고 생각하면 주저하게 되다가도 '죽기 전 꼭 해보고 싶은 일'이라고 생각하면 상황이 달라집니다. 선생님은 여러분이 갖고 있는 자신의 잠재된 열정과 가능성을 거리낌 없이 마음껏 적고 펼쳤으면 좋겠어요.

## 실천하는 재미가 세상을 바꾼다

여기 버킷 리스트를 실천하며 인생이 달라진 친구가 있습니다. 그녀는 자신이 죽기 전에 꼭 해 보고 싶은 일을 찬찬히 생각해 보고 목록을 만들었습니다. 목록을 만드는 것만으로도 가슴이 뛰고, 살아 있음에 감사하게 되었지요. 버킷 리스트를 완성하고 그걸로 끝이었을까요? 그녀는 그 리스트를 거침없이 실천해 나가기 시작합니다. 버킷 리스트의 진정한 의미는 바로 '실천'에 있으니까요. 바로 꿈 전도사 김수영 씨의 이야기입니다.

전남 여수에서 실업계 고등학교를 다니던 소녀가 퀴즈프로그램 〈도전 골든벨〉에서 골든벨을 울렸습니다. 유명 고등학교의 전교 1등을 도맡는 수재들이나 가능했던 골든벨이기에 실업계 고교 출신의 수영 씨에게 많은 사람들의 이목이 쏠렸지요. 그 후 김수영 씨는 연세대로 진학을 합니다. 소위 SKY라 불리는 명문 대학으로 진학하는 것은 당연한 행보처럼 보였습니다. 명문대 출신으로 좋은 회사에 들어가거나 의사 같은 전문가가 되어 사는 것은 우리나라 청소년들의 진로에서 매뉴얼과도 같으니까요. 그런 그녀가 돌연 그 매뉴얼에서 이탈하기 시작합니다. 대학 졸업 후, 어렵사리 세계적인 은행인 골드만삭스에 취업하고 나서부터이지요.

꽃다운 청춘이라는 말이 그야말로 적합한 25살에 그녀는 돌연 암을 진단받게 됩니다. 청천벽력과도 같았던 암 소식에 그녀는 깊은 절망을 느끼지요. 누구보다 열심히 살아 온 날들에 대한 결과가 겨우 이

건가 싶은 생각도 들었구요.

어려운 수술을 마치고 몸을 회복하면서 그녀는 앞으로 살아갈 날이 언젠가는 끝이 있고, 그 끝이 당장 오늘일 수도 있음을 실감하게 됩니다. 그리고 살면서 해보고 싶었던 꿈을 하나씩 적어 내려가기 시작하지요. 그녀가 해보고 싶은 꿈은 무려 73가지나 되었어요. 그 꿈을 적고 나서 그녀는 하나씩 그 꿈을 실천해 나가기 시작합니다. 그것을 위해 그토록 어렵게 취업한 골드만 삭스를 그만두었지요.

그녀의 꿈 목록에는 아주 재미있는 것들도 많이 있습니다. 중매쟁이 되는 것, 발리우드 영화에 출연하기, 스페인어 배우기, 뮤지컬 무대에 서기 등 분야도 다양하지요. 놀랍게도 그녀는 이 73가지 목록 중에 7년간 46가지나 달성합니다. 수영 씨가 목록에 있는 하나하나를 달성하겠다는 목표로만 임했다면 과연 이렇게나 많이 이룰 수 있었을까요? 아마도 꿈 목록을 도전하고, 실천하는 재미를 만끽하다 보니 이렇게나 많이 달성하게 되지 않았을까요. 수영 씨는 꿈을 실천하는 데 있어 환경이나 역경은 크게 중요하지 않다고 이야기합니다. 중요한 것은 그것을 실천하겠다는 자신의 의지, 그리고 긍정적인 태도, 행동이라는 것이지요. 꿈 목록을 향한 그녀의 행보는 이제 자신만이 아닌 다른 사람에게까지 꿈을 향한 따뜻한 불씨가 되어 주고 있습니다.

꿈을 향한 마음, 그리고 그것을 이루는 실천의 힘은 실로 놀랍습니다. 심리학자 이민규 씨는 모든 위대한 성취는 바로 실천에서 온다고 이야기합니다. 행동하기에 비로소 성과가 만들어지는 것이고, 그것이 바로 위대한 성취로도 이어지는 것이지요. 그렇기에 마음속으로 담아만 두지 말고, 거리낌 없이 일단 행동해 보는 것은 청소년인 여러분에게 아주 필요한 덕목입니다.

아마 직접 해보면 알 것입니다. 실패할까 봐 미처 시작도 해보지 못한 무수한 일들이 사실 실천하기 어려운 것도 아니란 것을요. 마음속에 담아만 두었을 때는 무척이나 무겁던 일들이 막상 행동하고 보면 별거 아닌 경우가 꽤 많이 있습니다. 그리고 그 다음 실천 때는 훨씬 더 가벼워지지요. 자신감도 북돋워 주고요.

그런데 어른이 되고 나면 이 실천이 상당히 부담스러워집니다. 실패에 대한 두려움, 실수에 대한 창피함이 훨씬 커지는데, 청소년 여러분은 그런 부담감도 훨씬 덜합니다. 미숙하고, 서툰 부분에 대해 걱정하기보다는 일단 그것을 실천해 보세요. 그 실천이 쌓이고 쌓이면, 자기 자신과 대화할 일도 더 늘어나고, 자신을 믿는 힘도 커질 겁니다. 자, 오늘의 소중함을 떠올리며 이제 여러분의 버킷 리스트를 작성해 보세요. 그리고 실천해 나가보세요. 어제와 달라진 세상이 여러분 앞에 펼쳐지게 될 거랍니다.

이수석 샘

# 기아에 대해 생각해 보렴

배고픔에 관한 진실은
생각보다 우리 가까이에
있단다

배고픔을 모르는 건
죄다?

하루 삼시 세끼. 식탁 위에 차려지는 밥상을 보고 한 번이라도 감사의 마음을 품어 본 적이 있나요?

조금은 새삼스러운 질문일 수 있겠어요. 물질적으로 풍족한 이 시대에 배고픔이란 어쩌면 어르신들의 옛 추억 속에 등장하는 까마득한 단어일지도 모르지요. 여러분은 어쩌면 밥알 한 톨에도 농부의 땀이 깃들어 있다는 교육적인 지침으로 배고픔에 대해 들었을 수도 있겠지요. 집을 나서면 너무 당연하게도 많은 식당들이 늘어서 있고,

삼시 세끼는 물론 야식에 간식도 먹고, 반찬이 맛없어 일부러 굶기도 하는 일상이니까요. 우리 생활에서 배고픔이란 도통 실감할 수 없는 책 속의 글자로만 느껴집니다. 우리는 너무도 쉽게 음식을 구하고, 또 먹을 수 있는 환경에 살고 있어요. 선생님도 그렇게 생각했어요. 풍족한 세상을 살아가는 사회 일원으로 그렇게 배고픔을 잊고 지냈지요.

여러분이 '기아'에 대해 일부러라도 한 번쯤 생각해 봤으면 하는 것은, 우리의 환경이 이렇게나 풍족하기 때문입니다. 보이는 것이 다가 아니듯, 풍요로 가리어진 진실은 더욱 불편하기만 합니다. 우리의 환경이 풍족하다고 해서, 배고픔 자체가 없어진 것은 아니거든요. 그리고 물질은 유한하기 때문에 먹을 것의 풍족함에 취해 있다가는 우리 역시 언젠가 배고픔의 절박함을 느끼게 될 날이 올 수 있으니까요. 일부러 다이어트를 위해 굶는 것이 아닌, 먹을 것이 없어서 어쩔 수 없이 굶게 되는 '기아'. 이것에 대해 자라나는 청소년인 여러분이 꼭 진지하게 생각해 보았으면 해요.

혹시 하루를 굶어 본 적이 있나요? 기아체험 봉사활동에 참여한 친구들은 어쩌면 경험해 본 적이 있을지 모르겠군요. 자발적으로 끼니를 한 끼, 두 끼만 걸러 보아도 얼마나 기력이 없어지는지 알 수 있습니다. 아무것도 하기 싫어지고 그저 누워만 있고 싶어져요. 특히나 활동력이 왕성하고 성장기인 여러분은 섭취해야 할 영양분도 매우 많지요. 돌아서면 배가 고픈 나이가 바로 여러분, 십 대 청소년 시기이니까요.

그런데 이렇게 하루를 굶는 것도 어려운 것을 몇날 며칠 이어간다는 아이들이 있어요. 간혹 음식을 먹더라도, 아주 부족한 양을 먹기 때문에 간신히 생존만 가능한 수준이지요. 이들은 왜 나날이 밥을 굶게 된 것일까요? 밥을 먹을 돈이 없어서일까요?

물론 빈곤이 주된 이유이긴 하지만, 질병과 전쟁이라는 사회적인 이유 때문에 기아가 발생하기도 해요. 어린아이들이 미처 어떻게 해 볼 도리가 없는 사회적인 구조와 문제로 인해 하루의 끼니를 굶게 되기도 합니다.

여러분이 배고픔과 기아에 대해 한번 생각해 보는 데 아주 좋은 안내서가 있어요. 바로 장 지글러의 《왜 세계의 절반은 굶주리는가?》입니다. 무척이나 유명한 책인데, 이 책을 토론하면서 저와 학생들은 눈물을 흘리기도 했답니다. 배고픔이라는 단어 세 글자에 담긴 엄청난 분노와 충격에 우리는 할 말을 잃고 말았거든요. 굶주림에 시달린다는 것이 얼마나 인간다움을 앗아 가는지를 알게 되었어요. 우리가 평소 해온 사소한 행동들이 얼마나 부끄러워졌는지 모릅니다. 잔반이 얼마나 나올지 생각하지 않고 음식을 마구 퍼오거나, 먹기 싫다고 아무렇지도 않게 음식을 버리는 행동 등을 다시 생각하게 되었지요. 단순히 '몰랐다'는 말로 변명하기에는 기아의 진실은 너무도 불편했으니까요.

**지구에서는 지금 무슨 일이 벌어지고 있을까?**

과학이 발달하면서 농업 생산력, 곡물 생산력은 인구 120억 명이 먹고 살아도 될 만큼 늘어났어요. 지구의 모든 인류가 굶주림에서 벗어날 수 있을 만큼 충분한 식량과 곡물을 생산하게 되었죠. 하지만 현실은 그 반대가 되어 버렸어요. 오히려 과거 그 어떤 때보다도 많은 인구가 기아에 허덕이고 있어요.

장 지글러 박사는 책에서 2005년도 유엔식량농업기구의 보고서에 따르면 10세 미만의 어린이가 5초에 1명씩 굶어 죽어 가고 있다고 말합니다. 3분에 1명이 비타민 A 부족으로 시력을 잃고 있으며, 세계 인구 7분의 1에 이르는 8억 5,000만 명이 심각한 만성 영양실조에 시달리고 있다고 해요.

인류가 충분히 먹을 만큼 식량이 만들어지고 있는데, 이렇게 굶주리는 사람들이 있다는 것이 아주 어이없으면서도 슬픈 노릇이지요. 문제는 이 굶주리는 사람들이 식량을 보유할 경제적인 능력이나 여건이 안 된다는 현실입니다. 안타깝게도 이들이 사는 사회의 구조적인 문제로 가난이 세습되고, 그 탓에 식량이 균형 있게 나눠지지가 않는 것이지요.

게다가 기아에 시달리는 가장 큰 피해자는 바로 어린아이들입니다. 어린아이들은 스스로 밥을 구해 먹을 능력이 없고, 부모의 보살핌을 받아야 하는 존재들입니다. 부모의 사랑을 듬뿍 받으며 자존감을 키워 나가야 할 어린아이들이 끼니조차 제대로 이어가지 못하고 있는 것이지요. 가난한 부모 아래 자랐거나, 전쟁 통에 부모를 잃었거나, 종교, 질병, 정치 갈등이라는 다양한 문제 상황 속에 살아간다는 이유로 말이지요. 이것을 혹시라도 지구 저편의 문제, 나와는 동떨어진 이야기라고만 생각해서는 안 됩니다.

빈곤은 상대적이기 때문에 부유한 나라에도 빈곤층이 존재합니다. 그리고 그 빈곤층은 점점 더 커지고 있지요. 경제적으로 가난하지 않는 우리나라에도 굶주림에 고통 받는 아이들이 있습니다.

우리나라의 경우, '기아'라는 단어를 쓰지는 않지만 '결식 아동'으로 끼니를 제대로 먹지 못하는 아이들을 말하고 있지요. 결식 아동이란 말을 들어본 적이 있지요? 우리나라의 경우, 전국적으로 결식 아동이 38만 명에 이른다고 추산되고 있어요. 하지만 이것은 정확한 수치가 아니며 그보다 더 많은 아이들이 배고픔에 시달리는 고통을 받고 있을 거라고 예상됩니다.

이 결식 아동들은 대부분 제대로 된 가정 환경에 있는 것이 아니기에, 큰 대책이 필요한 현실이지요. 무척이나 가슴 아픈 현실은 이처럼 우리 생활 가까이에도 존재합니다. 조금만 관심을 갖고 눈을 돌려 보면 생각보다 정말 많이 있습니다. 꿈과 사랑, 희망 속에 자라나야 당연할 존재가 바로 어린이들인데, 가장 기본적인 요건인 배고픔의 고통을 겪는다니요.

장 지글러 박사는 '배고픔'이라는 단어가 주는 인간다움의 상실이 얼마나 처절한지를 적나라하게 이야기합니다. 먹는다는 것은 인간 생활의 기본 요소인 의식주 중 하나로, 가장 강렬한 욕구이기도 합니다.

여러분도 몸이 아프면 식욕이 사라지고, 무기력해지는 경험을 해본 적이 있을 겁니다. 먹는 것은 몸에 에너지를 공급하는 행위이고, 생의 활기가 없어지는 것과도 긴밀히 닿아 있습니다. 공부를 하다가 혹은 친구들과 놀다가도 배가 고프면 예민해지고 스트레스를 많이 받는 경험을 해본 적이 있지요? 우리가 인간다움을 유지할 수 있는 것에도 먹는 것은 지대한 영향력을 끼칩니다. '기아'는 이 인간다움의 욕구, 식욕이 결여되는 것을 뜻합니다. 그와 동시에 삶의 많은 부분이 결여됩니다. 인간다움은 물론 생의 에너지가 상상하지 못할 고통 속에 꺼져 갑니다.

흔히 어린이들은 미래의 씨앗이라고 표현됩니다. 앞으로 우리가 살고 있는 세상, 지구를 이끌어 갈 주인공들이기에 그렇습니다. 그 미래의 씨앗들이 지금 생의 에너지를 키우기는커녕 상상도 못할 고통 속에 에너지를 깎아 먹히고 있습니다. 어린이들이 굶주림을 겪으며 바라보는 세상은 과연 어떨까요? 어린이의 눈에 비춰진 지구의 모습은 어떨까요? 어린이들의 배고픔에 대한 문제를 시급하게 해결해야 하는 이유입니다.

십 대 친구들이 '배고픔'에 대해, 그리고 '기아'에 대해 한번 생각해 보았으면 하는 이유는 또 있습니다. 배고픔은 우리가 삼시 세끼를 먹지 않으면 끊임없이 찾아오는 것이며, 그렇기 때문에 지극히 생활적인 이슈입니다. 어떻게 한 끼를 먹었다고 해도, 서너 시간이 흐르면 또 한 끼가 찾아옵니다. 당연하게 먹는 아침, 점심, 저녁 밥이지만, 밥을 먹지 못하는 상황에서 돌아오는 끼니 때는 매우 두렵고 절박하게 느껴지는 시간이기도 합니다. 하물며 어린이들이 매일같이 이런 절박함과 두려움을 느끼며 살아간다는 것은 무척이나 큰 고통입니다. 그런 의미에서 십 대 친구들이 기아의 고통이 얼마나 큰지를 진지하게 생각해 보는 것은 우리 사회의 몰인정을 헤쳐 나가는 방향이 될 것입니다.

## 왜 열심히 일해도 가난할까 - 배고픔이 들려주는 불편한 진실

우리가 숨 쉬고 살아가는 것과 함께 반드시 하는 것이 바로 먹는 행위입니다. 자본주의 사회에서는 먹기 위해서 '식재료'를 살 수 있는 경제 능력이 있어야 합니다. 텃밭을 갈고, 농작물을 직접 길러 먹는다 해도, 그럴 수 있는 땅과 물, 도구들을 보유하고 있어야 하는 것이지요. 결국, 먹는 행위는 돈을 버는 행위, 소비 행위와 연관되어 있습니다. 다시 말해 돈을 벌지 않으면 먹지도 못하는 상황에 놓이게 되는 것이지요.

세계에서 10억이 넘는 사람들이 1달러 미만의 돈으로 하루를 살아가고 있습니다. 빈곤은 아직 해결되지 않는 과제로 남아 있지요. 2000년 9월 뉴욕에서 열린 유엔 회의에서 156개국의 국가 정상과 정부수뇌가 모여 〈UN 새천년 개발목표〉를 채택했습니다. 이것을 〈밀레니엄 개발목표〉라고도 합니다. 그중에서 빈곤을 극복하고, 기아에서 벗어나는 것을 제일의 목표로 삼았습니다. 에이즈나 무장 해제, 오존층 보호보다 더 우선 해결해야 할 목표로 삼은 것이지요. 그 핵심은 2015년까지 '세계의 빈곤을 반으로 줄이자'였습니다.

**UN 새천년 개발목표**

1. 극심한 빈곤과 기아로부터 탈출

2. 보편적 초등 교육의 제공

3. 성 평등과 여성 자력화의 촉진

4. 아동 사망 감소

5. 산모 건강 증진

6. HIV와 AIDS, 말라리아와 다른 질병 퇴치

7. 지속 가능한 환경 보장

8. 개발을 위한 국제적 협력 관계 구축

전 세계적으로 2015년까지 빈곤 인구를 2000년의 절반 수준으로 줄이기 위한 목표를 세워 공유한 것이지요. 하지만 〈2013~2014 UN

새천년 개발목표 보고서〉에 따르면 절대 빈곤에 처한 인구는 여전히 12억 명에 이르고, 세계 인구 8명 중 1명은 기아로 고통 받고 있다고 해요.

세상은 점점 편리해지고 풍요로워지고 있다고들 하는데, 왜 이렇게 빈곤과 기아 문제는 해결되지 않는 것일까요? 배고픔에는 몇 가지 불편한 진실들이 담겨 있기 때문이에요.

배고프지 않기 위해, 가난에서 벗어나기 위해 열심히 일하지만, 좀처럼 가난에서 벗어나지 못하는 사람들의 이야기를 잘 들어 보았나요? 흔히 우리는 빈곤한 이유로 '개인의 나태(게으름)'가 주된 이유라고 생각합니다. 물론 빈곤이 열심히 일하지 않아서 생기기도 해요. 하지만, 많은 전문가들이 전 세계적인 빈곤의 이유를 개인의 문제가 아니라 사회 구조의 문제에서 그 이유를 찾는답니다. 쉽게 말해 가난이 세습되고, 사회 계층 간의 단절이 커지기 때문이에요. 너무 딱딱하게 들리나요?

자, 중산층 가정의 아이들은 보통 낮에는 학교에 가서 공부를 하지요. 하지만 빈민층 아이들, 혹은 가난한 국가의 아이들은 학교에 갈 시간에 생존을 위한 노동을 해야 해요. 대부분 부모가 없거나 아픈 가정이 많기 때문에 이 아이들이 일하지 않으면 밥을 먹을 수가 없거든요. 그래서 이 아이들이 제대로 된 학교 교육을 받을 수 없는 거예요.

아직 어린아이들이기에 열악한 환경에서 일하고 저임금을 받게 되기 때문에, 열심히 일하지만 가난은 잘 해결되지 않아요. 더 큰 문제

점은 교육을 잘 받지 못해서, 무엇이 잘못되었고 왜 자신들이 기아와 빈곤에 빠져 있는지 알지 못할 확률이 커서 문제를 해결할 방법을 찾지 못한다는 거예요. 아이들이 자라 어른이 되어도 저임금에 소외 계층으로 살아갈 확률이 더욱 커지지요.

이런 구조적인 모순은 국가와 국가의 경계를 뛰어넘는 다국적 기업, 금융 자본에 의해서 은밀하게 이루어지고 있습니다. 아시아와 아프리카의 농민, 어민들은 아무리 열심히 일하고 성실하게 살아도 가난에서 벗어나기가 쉽지 않아요.

사실 지금 기아와 빈곤에 시달리는 서남아시아, 동남아시아, 중동, 그리고 아프리카의 수많은 농민, 어민은 과거에는 오히려 부자로 살았어요. 예전에는 자신이 일한 만큼 그 대가를 충분히 누리며 살 수 있었기 때문이지요. 그런데 거대 농산물 금융 자본이 밀려들면서, 다국적 기업과 경쟁하게 되었지요. 소규모로 농사짓고, 고기를 잡았던 이들은 점점 할인과 대량 물품들에 밀려나고, 그들에 속해지게 되었어요. 그러면서 열심히 일하고 성실할수록 더욱 가난해지기 시작했지요. 이런 일들을 여러분이 당하게 된다면, 어떻게 할 것인가요?

한 신문기사에서 캄보디아 마을 지도자가 인터뷰를 한 적이 있어요. 캄보디아 빈곤을 해결하기 위해 들어온 기업들과 정부의 조치에 대해 말하는 것이었지요.

"우리나라의 농부들은 부지런하고 성실하기 때문에 자신들이 먹고 살 방법을 이미 잘 알고 있어. ……다만 대규모의 거대 금융 농산물 자본이 들어와 농산업의 유통을 망가뜨리지 않길 바랄 뿐이야. 우리는 자본의 노예가 된 자신의 정부가 아시아 개발은행의 원조를 받아 거대한 댐을 짓는 것도 원하지 않아. 결국 그 모든 개발계획이 우리 삶에 피해를 주니까. 댐을 건설한다고 정부는 경찰과 군인을 동원해 우리를 강제로 이주시키지. 거대 자본은 우리들이 살아 온 자연환경을 개발이라는 명목으로 망가뜨려. 그렇기 때문에 우리는 개발이라는 명목의 그 어떤 자선도 바라지 않아. 그냥 기본적인 권리, 자연과 조화롭게 살아 왔던 우리 삶의 모습이 존중되기를 바랄 뿐이야."

마을 지도자의 말은, 빈곤이란 의미에 대한 이해가 얼마나 다른지를 말하고 있어요. '도움을 주려는' 사람들은 '빈곤이란 물고기가 없는 것이다'라고 말합니다. 그들에게 빈곤이란 소득의 부족인 거지요. 하지만 '도움을 받는' 많은 사람들은 빈곤을 '권리의 부족'이나 '착취' 등의 다른 이름으로 말합니다.

실제로 세계은행을 중심으로 한 경제분야의 전문가들은 1인당 하루 1.25\$의 생활비를 빈곤 선(poverty line)으로 파악해요. 우리나라 돈 1,000~1,500원 정도죠. 그러나 2000년 세계은행이 전 세계 6만 명 이상의 가난한 사람들을 대상으로 빈곤에 대한 설문을 했대요. 그에 따르면 빈곤은 남으로부터의 인정의 부족, 미래에 대한 기대 없음,

무력감 등이라고 했대요.

이 결과는 무엇이 빈곤인지, 누가 빈곤한 사람인지, 어떤 정책이 필요한지를 다시 생각해 보아야 한다는 거지요. 빈곤을 소득의 부족이라 한다면 저소득층을 포함하는 경제 성장이 주요한 정책이겠지요. 하지만 사회적 인정과 배려의 부족으로 본다면, 소외 계층에 대한 차별을 막고, 재분배에 좀 더 노력을 기울여야 하는 것으로 봐야겠지요.

따라서 〈밀레니엄 개발목표〉의 "세계의 빈곤을 절반으로 줄이자"는 선언이 구호에 머물지 않기 위해서는 '어떤 빈곤인가' 하는 문제를 먼저 던져야 해요. 그 질문에 대한 대답에 따라 그에 맞는 정책과 행동을 만들어야 하기 때문이에요. 지금까지는 '빈곤이란 소득의 부족'으로 이해되었어요. 그래서 동정에 가까운 정책들과 행동들이 집행되었지요. 거대 금융 자본은 스스로의 끊임없는 이윤 창출을 위해서 기계로 대량 생산된 저물가 농수산물을 공급하였던 거지요. 그 결과, 토착 자영 농민과 자영 수산업자들이 몰락하고 만 거지요.

이 같은 이유로 현재 지구에 살고 있는 73억 인구 중의 12억 명이 기아에 시달리고 있어요. 영양실조와 질병, 더러운 식수 때문에 어린이들 가운데 약 5분의 1이 다섯 살이 되기 전에 죽어요. 이 비극적인 현실을 외면하고 싶지 않다면 적십자 같은 단체에 평소 잘 쓰지 않는 물건이나 옷 등을 필요한 나라에 보내는 활동에 참여해 보세요. 작은 관심과 행동이 기아와 질병이라는 거대한 비극을 막는 시작이 되거든요.

지금은 우리가 도움을 줄 수 있지만, 언제가 도움을 받을 수도 있다는 생각을 해봤으면 해요. 기아 같은 비극은 결코 갑자기 시작되는 것이 아니에요. 사람들의 무관심, 경쟁주의적 사고, 몰인정 속에서 서서히 시작되지요. 그러니 타인의 아픔에 더 관심을 기울이고 더 도와주는 마음이 있다면 얼마든지 막을 수 있답니다.


**우리는 모두 연결되어 있으니까요** 유엔은 우리나라를 물 부족 국가로 분류했어요. 일부 지역에서는 이미 물 부족 현상이 일어나고 있지요. 전 세계 인구들의 물 소비 추세가 이대로 계속된다면 2025년에는 전 세계 3분의 2에 이르는 지역에서 물 부족 현상이 나타난다고 해요. 물론 우리나라도 예외가 아니에요. 그러니 양치할 때는 컵에 물을 받아서 쓰고, 손을 씻은 물을 화분에 주는 식으로 물을 아껴 보세요.

이 세상의 모든 생명체들은 유기적으로 얽혀 있어요. 물 부족에 관해서도 이 시각으로 살펴볼까요? 지금은 멸종 위기지만 과거에 늑대가 많았던 시절이 있었어요. 그때 늑대가 먹잇감으로 가축을 공격하자, 사람들은 총으로 늑대를 잡았지요. 늑대의 개체 수가 줄자 늑대의 먹이였던 초식 동물의 개체 수가 급증했어요. 늘어난 초식 동물의 먹이인 산과 들의 식물들은 반대로 급격하게 사라졌지요. 식물들이 줄자, 그들의 담수 능력이 떨어지고, 그 결과 물 부족 현상이 나타난 것이지요. 그제야 이 세상 모든 것이 서로 유기적으로 연결되어 있음을 알게 되었어요. 인간은 다시 늑대의 개체 수를 늘리기 위해 늑대를 보호 동물로 지정했지요.

생물과 무생물, 유기체와 무기체조차 서로의 관계 속에서 촘촘하게 엮여 있어요. 하늘이 있기 위해서 땅이 있어야 하고, 나로서 잘 살아가려면 다른 사람들도 존재해야 해요. 관계 속에서 우리는 의미를 찾고 존재할 수 있지요. 나 혼자 잘 먹고 잘살겠다고 아등바등 거리는 것은 어리석은 행동입니다.

'사람'이란 말은 '살다'에서 온 말이라고 해요. 저는 이 '사람'을 네 군데를 볼 수 있다는 사람(四覽)으로 해석해 보았어요. 사람은, 앞을 보면 인류와 내가 함께 잘살 수 있는 비전을 가져야 한다고 봐요. 뒤를 보면 인류의 지나온 과거를 살펴 잘못된 점은 고칠 줄 알아야 하지요. 위를 보면 자연의 순리에 따라 지속 가능한 개발을 찾아봐야 해요. 끝으로 아래를 보아 우리 후손들에게 부끄럽지 않은 조상, 선배가 되기 위해 두루두루 보듬으며 살아야 할 거예요.

이제 우리는 지구의 절반이, 구조적 기아 때문에 굶주리고 있다는 것에 대해 생각해 보고, 행동해 봐야 해요. 그것이 결코 나와 관련 없는 내용이 아니라는 것을 알아야 해요. 그 굶주림이 나의 고통이 될 수도 있고, 다른 사람의 고통이어도 공감할 수 있어야 해요.

'너와 나, 우리'라는 개념을 조금 더 넓혀 인류라는 범주로 확대해 본다면, 더욱 많은 것들이 새롭게 보일 거예요. 그렇게 되면 더불어 사는 지혜를 얻고, 실천해 볼 수 있게 될 거랍니다.

이수석 샘

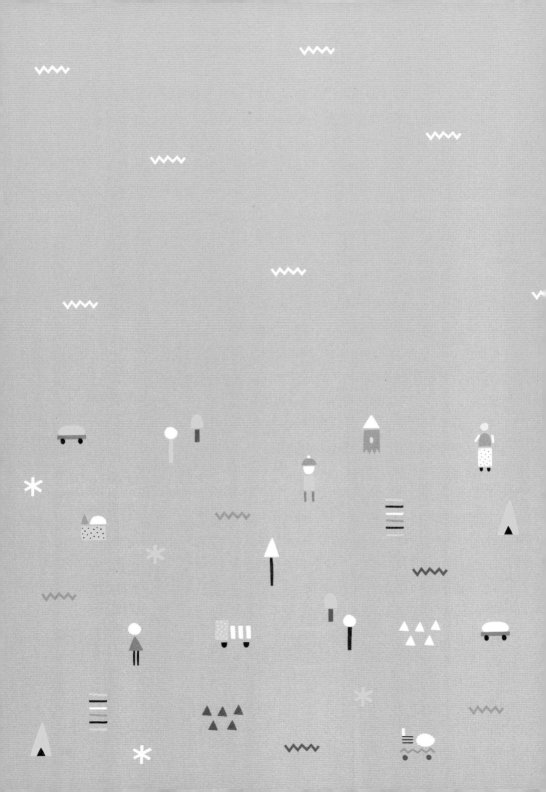

**Part 02**

# 너의 작은 행동이
# 세상을 더 행복하게 만드는 힘이야

# 비판하는 연습을 해보렴

**기존의 것을
다르게 보는 연습은
너를 세상의 인재로 만들어 준단다**

'비판'이라는 말이 조금은 딱딱하게 들리나요? 사전을 펼쳐 보면, '비판'이란 뜻은 사물의 옳고 그름을 판단하여 밝히거나 따져 지적한다는 의미로 나와 있어요. 비판하는 연습을 해보라는 말을 선생님 의도에 맞게 표현하자면, 여러 방면으로 생각해 보고 나의 답을 찾아보는 연습을 해보라고 할 수도 있겠네요. 바로 지금 이 시기에 다양한 생각을 해보는 기회를 스스로 가져 보았으면 해요.

여러분은 지금 몸과 마음이 가장 많이 성장하는 시기입니다. 그만큼 기존에서 벗어나 새롭게 접하는 것들이 매우 많을 때이기도 하지요. 새로운 가치도 직면하게 되고, 전보다 더 복잡한 문제를 마주하게 되기도 하지요. 선생님은 모든 것이 더 확장되어가는 이 시기에 여러분이 누군가의 답을 따라서 말하기보다는 자신만의 답을 생각해 보고 판단을 내리는 생각 연습을 해봤으면 해요.

**점점 생각할 기회와 시간은 줄어들고…** 십 대 친구들을 보면 선생님은 꽃봉오리가 생각납니다. 각자의 꽃을 피우기 위해 노력하는 시기가 바로 청소년기가 아닌가 싶어요. 꽃봉오리에서 꽃으로, 아이에서 어른으로 성장해가는 과도기이기 때문에 이것저것 배움도 많이 시도해야 할 때지요.

이럴 때 선생님은 공부만큼 생각의 근육을 길러 내는 것이 매우 중요하다고 생각해요. 어른이 되고 나서는 생각을 유연하게 길러 내는 것도, 유지하는 것도 생각보다 쉽지 않기 때문이에요. 나와 다른 생각을 받아들이는 태도, 기존의 것을 조금 비틀게 보고 새로움을 찾으려는 태도는 여러분 나이 때부터 훈련하지 않으면 자연스럽게 받아들여지지 않기도 하고요. 모든 가능성을 품고 있는 시기, 청소년인 여러분은 그래서 더욱 푸르고 빛나는 존재이기도 해요.

또한 선생님이 비판을 해보자고 일부러 강조하는 이유는, 우리 생활에서 비판할 기회가 사실 무척이나 적기 때문이에요. '일부러' 해보지 않는 이상에야 무언가에 대해 진지하게 비판할 일이 거의 없기도 하고요.

우리가 비판이라고 생각하는 것이 사실 비판보다는 비난인 경우도 많아요. 또한 주어진 것을 잘 받아들이는 태도를 '적응적인 유능함'이라고 보는 우리 문화도 한 역할을 합니다. 실제 상황에서는 비판적인 태도가 적응적이지 못하다는 평가를 받기도 하지요. 하지만, 비판은 기존 틀에서 새로운 가능성과 아이디어를 창출해내는 길이고, 학교 밖 사회에서는 다양한 기회를 찾게 해주는 힘이 됩니다. 또한 유연한 사고를 길러 주는 길이기도 해요.

이러한 비판의 활약은 역사 속에서도 확인해 볼 수 있어요. 조선의 태평성대를 이루었던 성종의 이야기를 들어 볼까요? 성종은 세종대왕에 이어 안정적인 국정 운영으로 많은 업적을 남겼습니다. 특히 성종의 업적에서 눈에 띄는 부분은 바로 '대간'의 육성입니다. 대간은 젊은 사간원들로 구성되었으며, 관원을 감찰하고 왕에게 간쟁하는 역할을 맡은 조직이지요. 다시 말해, 비판을 하기 위한 조직이기도 합니다. 성종은 대간의 비판을 장려하고 수용하는 임금이었습니다. 젊은 사간원들은 아무래도 대신들보다는 세속적인 타협 없이 옳고 그름을 바로 논하고 주장할 수 있었지요.

성종은 대신들의 소리와 대간의 소리를 모두 귀 기울이며 균형 있게 국정을 꾸려 나갈 수 있었답니다. 세상을 향한 다양한 소리를 낼 수 있는 분위기와 이를 수용하는 태도가 성종의 시대를 평탄하게 이끄는 주요 요인이 되었어요.

성종 시대의 대간처럼, 젊은이들의 비판에는 세상의 어두움을 거침없이 지적하고 바로잡으려는 뜨거움과 열정, 힘이 담겨 있습니다. 그리고 이 힘은 많은 역할을 해준답니다. 이것은 비단 과거 조선 시대의 이야기만은 아닙니다. 지금의 여러분도 청소년 시기의 비판적 시야를 넓힌다면, 새로운 가능성을 더 많이 발견할 수 있게 되고, 전보다 더 낫게 발전시켜 나갈 수 있답니다. 점점 다양하고 글로벌해지는 시대에 남겨진 무수한 맹점과 가능성 사이에서 나만의 생각 힘을 기를 중요한 연습이 될 것입니다.

**비판과 비난의 결정적 차이**

아주 쉬운 퀴즈를 내볼까요? 괄호 안에 공통으로 들어갈 단어는 무엇일까요?

- 가루는 칠수록 고와지고 ( )은 할수록 거칠어진다.
- 화살은 쏘고 주워도 ( )은 하고 못 줍는다.
- ( ) 많은 집 장맛도 쓰다.
- ( ) 한마디에 천 냥 빚도 갚는다.
- ( )이 입힌 상처는 칼이 입힌 상처보다 깊다.

정답은? 맞아요. '말'입니다. 아마 모두 쉽게 맞출 수 있었을 거예요. 실제로 초등학생들에게 물어봤더니 대부분 '말'이라고 답했는데, 그 가운데 '싸움'이라는 답도 나오더라고요. 빈 괄호에 '싸움'이라고 넣어봤더니 몇 개는 어울리기도 합니다.

말과 싸움은 이렇듯 많이 닮아 있고, 이어진 단어이기도 해요. 실수나 잘못된 말 표현으로 인해 싸움이 일어나는 경우도 매우 많으니까요. 비판과 비난 역시 이 '말에 얹힌 싸움'이라는 결정적 차이가 있는 것 같습니다. 비판은 싸움이 되지 않지만, 비난은 싸움이 되기 쉽습니다. 비판은 합리적이고 발전적인 방향을 위한 것이고, 비난은 파괴적인 방향을 하는 것이지요. 극명하게 다른 성격의 두 단어지만, 우리는 비판인지 비난인지가 헷갈리는 경우가 종종 생깁니다. 바로 이 '말' 때문에 그렇습니다.

비판의 도구로 가장 대표적인 것이 바로 '말'과 '글'입니다. 특히 '말'은 즉각적으로 작동하는 즉시성(卽時性)의 성질 때문에 영향력이 아주 강한 도구라고 할 수 있지요. 비판을 제대로 하기 위해서는 이러한 말의 성질을 좀 더 알 필요가 있습니다. 그렇지 않으면 내 생각과 달리 잘못된 말 표현으로 오해를 사거나, 비판의 뜻이 잘 전달되지 않을 수 있기 때문입니다.

위 문항에는 말의 독특한 성격들이 잘 드러나 있습니다. 자메이카에는 '닫을 문이 없을 때는 입을 닫아라.'라는 속담이 있다고 해요. 말조심에 대한 당부가 담겨 있는 속담이지요. 현명하게 비판하기 위해서는 내가 하는 말의 표현이 정확한지, 의미를 잘 담고 있는지 등을 한번 점검해 보는 것이 좋습니다.

'옳다, 그르다'를 판단하고 분석하는 기준에 대해서도 잘 살펴봐야 합니다. 무턱대고 옳다고 주장하는 것은 비판이 될 수 없음을 유의해야 합니다. 나를 비롯한 상대방이 충분히 납득할 만한 근거와 객관적인 시각이 있어야 현명하게 비판할 수 있습니다.

여기서 중요한 것은 나와 다른 판단, 나와 다른 의견에 대해 부정적으로 바라보지 않는 태도입니다. 비판이 흔히 비난으로 여겨지는 이유는, 나와 다른 의견을 매우 감정적으로 해석하고, 나를 공격하는 행위라고 여기기 때문입니다. 하지만 비판은 생각의 폭을 넓히고, 문제에서 바르게 나아가는 것이지 상대를 공격하는 것이 아닙니다. 비판을 좋지 않게 여기고 등을 돌리면, 나만의 고집에 갇혀 버릴 수 있습니다. 우리의 생각 근육도 더 자라지 못하고 굳어 버리게 되겠지요.

관계를 중시하는 우리 문화에서 이런 부분이 잘 이루어지지 않는 경향이 있습니다. 그래서 토론에서 격한 감정 싸움이 벌어지거나, 비판하다 비난으로 이어지는 일이 흔합니다. 그렇다면 좋은 비판이란 어떤 것인지 살펴볼까요?

첫 번째로, 문제 상황, 행동, 인물 등을 검토하고 평가하여 그릇된 점을 밝혀내는 데 논리적인 근거, 뒷받침할 만한 자료 등이 있어야 합니다. 무턱대고 내 맘에 들지 않거나 나와 맞지 않다고 '그릇되다'고 주장한다면 합리적인 비판이라고 할 수 없겠지요. 그리고 자신의 의견을 일방적으로 강요하지 않고, 상대가 납득할 수 있는 이유로 설득되어야 합니다.

두 번째로는 올바른 표현을 써야 하며 의미가 애매모호하거나 중복될 여지가 있는 표현은 지양하는 것이 좋습니다. 한 단어에 담긴 의미는 사람마다 각기 다르게 받아들일 수 있기 때문이랍니다. 해석이 분분해질 우려가 있는 표현보다는 명확하게 이해되는 표현을 쓰는 것이 좋습니다. 또한 말의 특성상 관계나 감정을 건드려 상대의 심기를 불편하게 할 부분에 관해서도 조심하는 것이 좋습니다.

세 번째로는 비판하려는 문제를 명확히 하고 자칫 문제가 확장되는 것을 미연에 방지하는 것이 좋습니다. 우리는 흔히 토론이나 비판을 하다 애초의 문제와 엉뚱하게 이야기가 흘러가는 경우를 자주 목격합니다. 비판하려는 바가 무엇인지를 한정해 그것에 대해 논의하는 것이 좋습니다.

선생님은 여러분이 이렇게 좋은 비판 태도를 길러서 진지하게 생각해 볼 기회를 가졌으면 합니다. 그리고 되도록 기존의 것을 비틀어서, 혹은 아무도 문제라고 여기지 않았던 것을 한 번쯤 문제로 생각해보았으면 합니다. 창의력은 그렇게 비틀어 보는 시야에서 길러집니다.

세상을 바꾸는 창의력으로 유명한 스티브 잡스는 항상 "다르게 생각하기(think difference!)"가 모토였다고 합니다. "왜 휴대폰으로 전화만 하지? 왜 프레젠테이션에는 글만 있는 거지?" 기존 틀에 대한 비틀어진 생각이 그가 다양한 창조를 가능하게 했던 원동력이었답니다. 여러분 역시 좋은 비판 태도를 바탕으로 다르게, 비틀어 생각해 보길 바랍니다.

## 합리적인 세상을 향한 마중물, 비판 정신

이제 선생님이 왜 '비판하는 연습을 해보라'고 제안하는지 알 수 있겠지요? 토론 수업, 디베이트 대회 등 여러분이 어떤 문제에 대해 진지하게 생각해 보고 비판할 수 있는 기회가 공부나 수업으로만 다가오는 것 같기도 합니다. 하지만 생활 속에서 당면하는 문제들에 대해 비판적인 시각을 가져 본다면 그동안 공부로 느껴졌던 비판, 토론 역시도 자연스러운 일이 될 것입니다. 게다가 경험상 이것을 계속하다 보면 흥미도 생기고 재미도 느끼게 된답니다. 그리고 이런 생각 경험과 비판 연습들이 모이면, 사회에 나가서도 자신의 의견과 주장을 현명하게 할 수 있는 인재가 될 것이고요.

이러한 비판적인 사고들이 모이고 부딪치면 결과적으로 세상은 더 합리적이고 밝게 나아가리라고 생각합니다. 비판 정신이란 인간 세계를 합리적인 이상향으로 이끄는 마중물과도 같습니다. 선생님은 미래의 주역이 될 여러분이 유연하고 넓은 시야를 가지고 성장할 수 있는 힘은 바로 비판 정신에 있다고 생각해요. 내 앞에 주어진 답을 그대로 받아들이기보다는 한 번 더 생각해 보는 연습을 했으면 합니다. 그리고 그것을 잘 전달하는 방법도 배웠으면 합니다. 물론 상대에 대한 따뜻한 배려가 전제되어야 하겠지요. 비판은 공격이 아니라 발전을 위한 것이니까요.

이야기를 마무리하며 여러분에게 꼭 소개하고 싶은 글이 하나 있어요. '인류의 교사'라고 불리는 러시아의 대문호 톨스토이가 말년에 쓴《살아갈 날들을 위한 공부》라는 책에는 다음 글이 나옵니다.

> 말은 목표를 이루기 위한 도구다.
> 말을 잘못 쓰지 않도록 조심하고
> 자신과 타인의 말, 글로 쓰인 말 등 모든 말을 존중하자.
> 분리시키는 말을 경계하고 합일시키는 말을 사용하자.
> 그 입장이 되기 전에는 이웃을 비난하지 마라.

아직까지 우리 사회는 비판에 대해 성숙한 태도를 지녔다고 말하기는 어렵습니다. 토론 등이 익숙하지 않은 문화권이라서 더욱 그럴 테지요. 다행스러운 것은 점점 비판의 장, 토론의 장이 많아지고 있고, 그에 대한 태도도 열려 가고 있다는 것입니다. TV 프로그램에도 '시사' 영역에만 국한되어 있던 토론 프로그램이 예능, 사회, 문화 이슈로 넓어져가고 있지요. SNS를 통해 비판의 목소리를 내는 유명인도 많이 있습니다.

　이러한 때 우리가 비판 정신을 잘 기르고, 바르게 비판하기 위해서는 현실에서 '말'이라는 도구를 아주 잘 사용해야만 합니다. 톨스토이의 글처럼 정말 사람들이 세상의 모든 말을 존중하고, 서로 상대의 입장이 되어 보기 위해 노력한다면 어떨까요? 제 생각에는 아마도 비판이 비난으로 변질되지 않는 좋은 방편이 될 것 같습니다만.

김기용 샘

# 사용 설명서 없이
# 너만의 '블록'을 만들어 보렴

학교 밖 세상에는
정답보다 나만의 답이
더 중요할 때가 많단다

선생님에게는 7살 된 아들이 한 명 있습니다. 그렇다 보니 아들의 방에는 장난감들로 가득해요. 선생님은 아들이 태어났을 때 '남들처럼 쉽게 유행을 타는 장난감을 사느라 과소비하지 않겠다.'고 마음먹었는데, 아이의 성장에 맞춰 하나둘 사 주다 보니 어느새 장난감이 많아지고 말았지요.

그런데요. 아들이 로봇, 자동차, 인형 같은 장난감보다 오랫동안 싫증 내지 않고 가지고 노는 장난감이 있답니다. 바로 '블록'입니다. 반면에 유행하는 만화 영화 캐릭터가 나와 사 주게 된 장난감은 몇 달도 가지 않아 쉽게 싫증을 내더군요. 혹은 거칠게 다루어 망가져 버려기도 하고요. 그런데 블록만은 예외였어요. 우리 집에 있는 자석 블록은 아들이 네 살 무렵에 사 준 것인데 일곱 살인 지금까지도 자주 가지고 노는 장난감이랍니다. 더군다나 이 자석 블록을 가지고 아들 녀석과 함께 놀 때면, 놀라운 일이 벌어지곤 합니다.

### 꼭 나와 있는 대로 블록을 만들어야 하나요?

아들이 선생님에게 이런 제안을 해요. "나는 내가 좋아하는 것 세 개 만들게. 아빠는 아빠가 좋아하는 것 세 개 만들어 봐."

아들의 제안에 우리는 블록을 열심히 붙이고, 쌓고, 끼워서 무언가를 만들어 냅니다. 어른이 된 선생님의 머릿속에는 집, 우주선, 자동차 같은 모양들이 정형화되어 있어 여기서 크게 벗어나지 않는 모형들이 만들어져요. 나름 색다르게 만든다고 정성을 들였지만요. 그런데 아들은 달라요. 만드는 속도도 선생님보다 빠르고요. 틀에 갇히지 않는 독특한 모양의 구조물과 로봇, 비행접시가 새롭게 등장합니다. 아내도 제가 만든 블록보다는 아들이 만든 블록이 훨씬 창의적이라고 말하네요.

옛날부터 '제 식구 자랑은 팔불출'이라고 했는데, 선생님이 그 격이네요. 그런데 이와 같은 경우는 자녀를 둔 부모님들이라면 누구나 공감할 거라 생각해요. 아마 여러분도 지금보다 더 어린 아이였을 때는

114

어른들은 생각지도 못한 기발한 상상을 해본 적이 있을 거예요.

아직 글씨도 읽을 줄 모르는 아이들이 만든 블록 모형을 보고 입이 딱 벌어질 때가 있습니다. 당연히 사용 설명서나 매뉴얼을 미리 확인하지는 않았을 텐데, 창의적인 결과물이 어떻게 나왔을까요? 어쩌면 거기에 그 이유가 있지 않을까요? 혹시 사용 설명서나 규정된 방식대로가 아닌 자기만의 방식으로 만들었기 때문에 그런 것은 아닐까요? 어떠한 평가나 기준에 맞추려 하지 않고, 자신만의 상상력과 느낌대로 말이에요. 뭔가를 잘 만들어 보고 싶다는 생각보다, 그냥 하고 싶은 대로 이런저런 시도를 해보다가 의외의 결과물이 나왔을 수도 있고요.

중학교에서 수학을 가르치는 선생님의 아내도 이런 경험이 있다고 하네요. 정다면체 단원의 진도를 나갈 때 있었던 일이라고 합니다. 종이로 축구공을 직접 만들어 보는 체험 활동을 했대요. 학생들에게 축구공 전개도가 그려진 설명서를 주었는데, 몇몇 학생들이 전개도를 거들떠보지도 않고 제멋대로 만들더래요. 그래서 그러지 말라고 당부했는데, 오히려 제멋대로 만들기 시작한 학생들의 손에서 기발한 방식의 축구공이 만들어졌다는 거예요.

물론 이런 사례가 무조건 바람직하다고 볼 수는 없어요. 유아기 시절일 때는 몰라도, 청소년 시기에는 선생님들의 지도를 잘 따라야 하고 수업에도 적극적으로 참여하는 것이 더욱 중요하지요. 이것을 조금 어렵게 표현하면, 무턱대고 어떤 행동을 하기 전에 '자아 정체성

(ego-identity)'이 먼저 확립되어야 한다는 뜻이지요.

하지만 그럼에도 강조하고 싶은 건, 30여 명의 학생들이 전개도대로 모두 똑같이 만들 때보다 각자가 구상한 방식대로 종이 접기를 했을 때, 더 개성 있고 창의적인 작품이 나올 가능성이 있다는 사실이죠. 우리 인간의 삶의 방식에도 이런 원리가 적용되지 않을까요?

## 자기만의 방식으로 시대의 흐름을 바꾼 사람들

모튼 틸덤 감독의 영화 〈이미테이션 게임〉을 보면 최초 컴퓨터 발명가는 바로 영국의 수학자 '앨런 튜링(Alan Turing)'이었다는 사실이 나옵니다. 2차 세계대전 도중에 독일이 만든 암호를 해독하는 과정에서 컴퓨터가 탄생하게 되지요. 튜링은 어떻게 암호를 해독하는 기계를 만드는 데 성공할 수 있었을까요?

그것은 바로 다른 연구원들과는 달리 자신만의 방식으로 과제를 해결하려 했기 때문입니다. 주변 사람들의 온갖 비난과 음해에도 불구하고, 그는 기계적으로 만들어진 암호는 이를 능가하는 기계를 만들어야만 해독할 수 있다는 신념을 포기하지 않았지요. 튜링이 기계를 만들어 낸 덕분에 전쟁을 2년이나 단축시켰고 1,400만 명의 생명을 구할 수 있었다고 해요. 그리고 이 기계가 오늘날 컴퓨터의 모태가 된 것이고요.

주어진 방식을 거부하고 자신의 생각을 발전시켜 세상을 이롭게 만든 이들은 앨런 튜링 이외에도 많이 있습니다. 한자를 그대로 쓰지 않고 한글을 창시한 세종대왕, 전구를 발명한 에디슨, 인종 차별에 맞선 만델라, 자본주의를 비판한 마르크스 등. 모두 매뉴얼과도 같은 기존 방식을 거부하고 자신만의 길을 걸은 인재들이지요.

역사 속 위인만이 아니라 자기만의 방식으로 길을 찾아가다가 주요 흐름을 바꾼 이들도 많아요. 우리나라를 대표하는 뮤지션 '서태지'도 그러한 예라고 볼 수 있어요. 지금은 대세가 된 랩과 댄스를 겸비해서 노래 부르는 방식이 대중화되는 데 큰 영향을 준 장본인이지요.

서태지가 처음 앨범을 발표했을 당시에는 그의 음악이 기존 주류 음악과는 너무 다르고 생소해서 전문가들도 그의 음악을 평가 절하했어요. 하지만 대중들은 그의 음악과 댄스에 열광했고, 그가 쓴 가사는 우리 사회의 문제점에 대한 비판 의식과 철학이 담겨 있다는 이야기를 들었지요. 추후 그는, 문학 평론가는 물론 사회 각 분야의 지식인들에게도 인정을 받는 뮤지션이 되었습니다.

많은 사람들이 걸어간 일반적인 길보다는 자신만의 음악 세계를 개척해 지금까지도 대중들의 응원을 받고 있지요. 일례로 1995년에 4집에 수록된 '시대유감'은 가사가 지나치게 과격하며 현실을 부정적으로 표현했다는 이유로 한국공연윤리위원회의 사전 심의에서 통과되지 못했지요. 이에 서태지는 가사 수정이라는 요구를 받아들이지 않고 멜로디만 담은 앨범을 발표해요. 그의 팬들은 창작의 자유를 침해한다는 서명 운동을 펼치고 결국은 사전 심의 제도가 폐지되었죠. 이런 일련의 사건들 때문에 그의 별명이 문화 대통령, 또는 음악계의 혁명가로 불리나 봐요.

**경우의 수는 수만 가지, 정답 없는 '인간의 삶'** 사람들은 모두 서로 다른 삶을 살고 있어요. 얼핏 보면 비슷해 보이지만 똑같이 사는 사람은 한 명도 없어요. 아마 선생님이랑도 100% 똑같은 방식으로 사는 사람은 이 세상 어디에도 존재하지 않을 거예요. 인간은 수없이 많은 선택의 기로에서, 어느 하나의 경우만을 택해서 살고 있는지도 몰라요. 때로는 멋모르고 선택한 길인데, 의외의 좋은 결과를 가져오기도 하지요.

'내가 어떤 판단을 하고, 어떤 선택을 하느냐?'에 따라 나의 소소한 일상, 더 나아가 인생 전체가 달라질 수도 있다고 봐요. 우리 학교의 물리 선생님은 때때로 상대성 이론, 양자 역학과 같은 과학 이론을 거론하며 선택의 중요성을 강조하시곤 합니다. 즉, 순간의 선택에 따라 인생이 바뀌는 것은 물론이거니와, 어쩌면 지금 다른 시공간에 또 다른 내가 파동처럼 존재할 수 있다는 오묘한 얘기를 해줘요. 너무나 뜬금없고 어렵게만 들리나요? 하지만 이런 얘기가 어쩌면 진실일지도 몰라요. SF영화 〈인터스텔라〉를 만든 크리스토퍼 놀란 감독은 상상에서나 가능할 법한 이런 일들이 충분히 실재할 수도 있다고 얘기합니다.

우리가 사는 지구의 환경만 잘 보전하면 인류의 번영과 평화가 영원히 지속될 것만 같아요. 인간 이외의 존재는 모두 조연처럼 보여요. 그러나 우주의 관점에서 생각해 보면 사정은 달라져요. 이 어마어마한 우주 속에서 지구라는 별은 작은 소립자 정도입니다. 그 관점에서 어쩌면 우리 인간은 먼지보다 더 작은 존재에 불과할지도 몰라요. 이렇듯 바라보는 관점에 따라 세상은 전혀 다르게도 보일 수 있어요. 우리의 삶도 마찬가지입니다. 선택할 수 있는 경우의 수나 보기는 많지만, 누구의 인생이 가장 완벽하고 모범적인 삶이라고 단정지을 수는 없어요. 어느 사람이나 가치관은 다르고 추구하는 삶의 목표도 다르니까요.

하물며 완전하다고 생각되는 수학이나 철학, 논리학에도 모순이 있다고 해요. 우리의 삶이 시행착오와 오류투성이인 건 어쩌면 당연한 결과일 거예요. 이런 삶의 이치를 수학자 쿠르트 괴델(Kurt Gödel)의 '불완전성 정리'에 비유해 볼 수 있습니다.

1931년 괴델은 '참인지 거짓인지 알 수 없는 명제가 존재한다.'는 제1 불완전성 정리와 '〈수학에는 모순이 없다〉는 명제 자체를 증명할 수 없다.'는 제2 불완전성 정리를 연이어 발표했어요. 이 정리로, 수학의 논리 체계는 완전하다고 믿는 당시 학자들의 생각에 제동이 걸렸어요. 그러면서 그들은 '우리가 진리라고 알고 있던 것이 과연 진리

일까?'라는 의문을 갖게 되었죠.

이런 영향에 힘입어 비유클리드 기하학, 열역학, 상대성 이론, 양자역학과 같은 현대 수학 및 과학 이론들이 발전하게 되었어요. 앞서 소개한 앨런 튜링의 컴퓨터 발명에도 이 불완전성 정리의 증명 방법이 결정적인 영향을 주었지요.

이처럼 참과 거짓이 분명한 수학의 세계에서도 보편적인 해답이 없다는데, 각양각색의 사람들이 어우러져 사는 세계는 오죽하겠어요. 그러니 사회가 설정해 놓은 성공한 사람들의 이야기만 정답인 것처럼 맹목적으로 따라가지는 말았으면 해요. 차라리 어떤 평가나 기준도 대지 말고, 답이 정해졌다고 생각한 길조차도 여러분 나름의 방식으로 헤쳐 나갔으면 합니다. 혹시 모르잖아요. 여러분의 작은 용기와 실천이 더 나은 길을 만들어 낼지도요.

### 시행착오와 함께한 선생님의 블록 쌓기

그럼, 선생님의 삶은 어땠을까요? 한마디로 '시행착오의 연속'이라고 말할 수 있을 거예요. 선생님은 초등학교 1학년 때 아버지가 돌아가셨어요. 어머니 혼자 삼형제를 키우느라 가정 형편도 어려웠지요. 한부모 가정이라 담임 선생님의 관심도 받았지만 한편으로는 그것이 부끄럽고 자존심 상하기도 했답니다. 그래서인지 선생님은 자신감이 부족하고 내성적인 성격에 어른들의 말씀을 거역하는 일이 거의 없었어요.

고3 때의 일이었어요. 수능만 잘 보면, 수학 교사가 꿈인 선생님을 위해 담임 선생님은 국립사범대 수학교육과를 추천해 주겠다고 하셨지요. 그러나 선생님은 내신 등급에 맞춰 수학교육과가 아닌 수학과로 대학을 가야 했어요. 더 안타까운 건, 당시 다른 대학의 수학과는 성적이 상위권인 학생들에게 '교사 자격증'을 주었는데, 선생님의 학교는 그렇지 않았다는 거예요.

그때 선생님이 겪었던 실망감은 너무도 컸지요. 지금이야 웃으며 말할 수 있지만, 당시에는 진로 고민으로 밤잠을 못 이룰 정도였어요. '교육대학원을 가서 교사 자격증을 따느냐? 아니면, 1년을 재수해 목표한 대학의 수학교육과를 가느냐?'의 갈림길에서요.

결국 선생님은 대학 생활을 시작한 지 3개월 만에 다시 수험생이 되었어요. 주변에서는 만일을 대비해 반수(대학을 휴학한 채 재수하라고)를 권유했지만 선생님은 자퇴를 결정했지요. 그 무모한 선택은 다행히 결실을 맺었어요. 학업에 매진하지 않았던 고3 시절을 반면교사로 삼아 치열하게 공부해 원하는 대학교에 들어갔거든요. 하지만 이제 별 문제없이 순탄하리라 생각한 20대에는 더 큰 고민과 시행착오들이 기다리고 있었어요.

대학교 1, 2학년 때 학생회 활동에 빠져 수학 공부를 뒷전에 두었던 것. 어려운 가정 형편을 핑계로 도망치듯이 휴학을 했던 것. 3학년 복학 무렵에 알코올 의존증이 심해진 작은 형님과 마찰한 것. 자식들의 불효에 뇌출혈로 쓰러진 어머니를 멀리 떠나보낸 것. 끝내 술을 이겨 내지 못하고 세상을 떠난 작은 형님까지. 이 모든 일들은 20대에 일어 났어요. 이것은 예측할 수 없이 갑자기 튀어나온 삶의 '블록'들이었지 만, 선생님이 그때그때 현명하게 판단하지 못한 시행착오들이기도 했 지요.

지금도 선생님은 근무하는 학교에서 선생님만의 색깔이 담긴 '인생 블록 쌓기'를 하고 있어요. 그러면서 시행착오도 자주 겪고 있고요. 그러나 시행착오가 두려워 머뭇거리지는 않는답니다. 걱정하기보다 는 오히려 꿈을 향해 하나의 블록이라도 더 쌓아 보는 것이 의미 있는 일이라는 것을 깨달았으니까요.

**'인생 블록 쌓기 체험'은 바로 지금부터** 시간을 나타내는 그래프는 끊어지지 않 고 그려지는 연속 함수입니다. 그러므로 미래라는 시간이 어느 한 순간에 갑자기 오지 않을 거예요. 자신이 이 루고 싶은 '미래'도 마찬가지가 아닐까요? 현재 아무 노력도 하지 않 는데 어느 날 갑자기 바라는 미래가 오진 않을 테니까요. 미래의 시간 과 지금의 시간이 연결되어 있으므로 지금 이 순간을 열심히 산다면, 이미 여러분은 원하는 미래에 조금씩 다가가고 있을 거예요.

또한, 미래에 꿈이 이루어져야만 그 순간부터, 나에게 행복한 인생이 펼쳐질 거라고 생각하지 않았으면 합니다. 여러분들이 원하는 대학에 합격하거나 자신이 소망하는 꿈을 이루었다고, 그 이후의 삶이 언제나 행복하진 않을 거예요. 사람이라면 누구나 고충이 있기 마련이거든요.

자 이제, 진지하게 한번 생각해 보세요. 여러분은 뭘 좋아하고, 어떤 것에 관심이 있으며, 사회에서 어떤 일을 해야 보람을 느끼고 행복할 것 같나요? 남들이 정답이라고 말하는 것이어도, 나에게는 정답 같지 않을 수 있어요. 여유를 가지고 천천히 생각하다 보면, 몇몇 경우의 수가 떠오를 거예요. 이 중에서 여러분의 능력과 적성, 그리고 이로움을 주는 가치에 대해 곰곰이 생각해 보세요. 그런 다음, 그 과정을 즐기며 오늘을 열심히 살아가 보세요. 지금 이 순간 느낄 수 있는 경험과 감정에 충실하고, 다양한 사람들의 이야기를 듣고 새로운 도전을 시도해 보면서요.

아마도 이런 과정이 자신만의 '인생 블록 쌓기 체험'이 아닐까 해요. 나만의 답을 찾는 것은 그 과정만으로도 분명 뜻깊은 일이 될 거예요.

한상원 샘

# 아무것도 하지 않는 시간을 보내 보렴

세상에는 숨차게 뛰는 것보다
아무것도 하지 않는 여유가
더욱 필요하단다

## 밤 11시 지나서야 겨우 눕는다. 국민 80% "일상이 피곤해"

이것은 한 신문 기사의 제목이에요. 이 기사는 2015년 6월 29일 통계청에서 발표한 '2014년 생활시간 조사 결과'를 소개하고 있어요. 그 결과에 의하면, 10살 이상 한국인이 잠자리에 드는 시각은 평일 밤 11시 24분이고 국민의 77%가 시간 부족을 느끼고 있으며, 81.3%는 "일상이 피곤하다"고 대답했어요.

또한 수업을 포함한 학생들의 공부 시간은 평균 6시간 17분이었는데, 학생 단계별로 보면 고등학생이 8시간 21분으로 가장 길었고, 대학생이 3시간 15분으로 가장 짧았대요. 정말 다들 일에 치이고 쉬는 시간은 빠듯하지요.

**자기 착취의 시대,
우리는 너무 열심히 산다!** 우리 모두는 정말 열심히 살려고 노력해요. 쓸모없이 흘러가는 시간을 줄이려고 분 단위로 스케줄을 짜고, 심지어는 밥 먹는 시간, 잠자는 시간을 아껴 보기도 해요. 위의 신문기사를 보면 저만 그런 게 아니고 다들 그런 적이 있나 봐요.

최근 출판된 브릿지 슐트가 쓴 《타임푸어》에 의하면, 늘 바쁘고 시간 압박에 시달리는 사람들을 '시간 빈곤자(time poor)'라고 부른대요. 지난해 한국고용정보원의 연구에 따르면 한국 노동인구의 42%가 시간 빈곤 상태라고 하네요.

여러분의 스트레스도 대개 부모들의 쫓기는 삶에서 비롯된다고 할 수 있어요. 부모들이 남보다 바쁘게 살지 않으면 죄책감을 느끼는 사회에 살고 있기에 덩달아 여러분들도 바쁘게 지내는 것이죠. 오스트리아의 경제학자 요제프 슘페터가 말한 것처럼 "자본주의 사회에서 경쟁을 벌여야만 하는 유일한 상대는 곧 시간"이 되어 버렸어요.

정말 우리는 너무 열심히 살죠. 신자유주의 경쟁사회에서 '열심'의 문화와 '빨리, 더 빨리' 문화는 우리의 의식에 자리 잡은 하나의 이데

올로기가 된 것 같아요. 심지어 아무것도 하지 않고 있으면 죄책감마저 든다는 이들도 많이 있어요. 우리는 어렸을 때부터 한가로운 것, 빈둥거리는 것, 아무것도 하지 않는 것은 나쁘다는 선입관을 주입받고 커요. 사실 '열심', '빨리 빨리' 문화에 저항한다고 해서 누가 잡아가거나 하는 일은 없어요. 그러나 그보다 더 무서운 '열외의 인간'이라는 낙인이 찍힐까 불안한 거죠. 그래서 우리는 스스로 자기 관리와 자기 계발이라는 명목으로 더 열심히 살아가려 합니다. 강제적인 학습과 피로한 공부의 시간 앞에서 내가 진정 살아 있다는 실감을 느낄 겨를도 없이 스스로를 '자기 착취'하면서 말이에요.

이 '자기 착취'라는 용어가 인상 깊게 다가옵니다. 이 말은 독일에서 활동하는 철학자 한병철 교수의 《피로사회》에 나오는 말이에요. 우리의 피로한 삶을 생각하니 '피로사회'라는 말이 더 공감되겠네요. 이 책을 보면, 지금의 우리 사회는 '자기를 스스로 착취하는 사회'라고 말해요.

신자유주의 사회 또는 성과주의 사회에서는 '넌 할 수 있다'라는 정언이 지배하고 있어서 내가 해내지 못하면 자신이 모든 것을 책임져야 해요. 그래서 우리는 스스로 성과를 내지 못하면 자책을 하게 돼요. 우리 사회는 여전히 '너는 너의 삶을 변화시켜야 한다'고 하면서 자신에게 모든 책임을 돌리게 되었습니다. 그러니 더 많이 해야 한다는 압박감도 생기겠죠. 이 압박감으로 우리는 스스로를 착취하며 소진되어 간다고 이 책은 말하고 있어요.

여러분도 이런 생각으로 혹시 열심히 하고 있지는 않나요? 아무것도 하지 않으면 '쓸모없는 사람'이 될까? 혹은 지그문트 바우만이 말한 '잉여 인간'이 될까? 혹은 나중에 커서 사회적 안정을 누리지 못하게 될까? 하는 두려움으로 말이에요.

이제는 다른 사람도 아닌 내가 나의 착취자가 된 것이지요. 누가 나를 강제하지 않아도 내가 알아서 더 분발하고, 할 수 있는 것을 하려고 하게 된 것이지요. 외부에서 오는 강요에는 저항할 수 있지만 자발적인 복종은 의식조차 못하므로 저항도 할 수 없어요. 그러기에 자기 착취는 더 무섭죠. 이로 인해 현대 사람들은 우울증이나 각종 신경증에 걸린다고 하네요. 한 통계에 따르면 서구 사회에서는 다섯 명 가운데 한 명꼴로 우울증에 시달린다고 해요. 우리나라도 이대로 가다가는 우울증이 국민병이 될 시대가 멀지 않은 것 같아요. 그렇다면 자기 착취의 '피로사회'에서 우리는 과연 어떻게 해야 할까요?

이렇게 자기 계발과 자기 발전에 지쳐가는 우리에게 소박한 브레이크가 필요하지 않을까요? 그 시작은 바로 나를 바라보는 인식의 전환일 것 같아요. 정치철학자 조정환의 《예술인간의 탄생》을 보면, 신자유의 시대의 자본주의 사회는 스스로의 삶을 책임지고 역량을 키워나가는 '자기 계발적' 주체를 원하고 있습니다. 우리가 그렇게 살아가고 있지요. 하지만 이 책의 저자는 자신을 충실히 돌보아 가는 '자기 배려적' 주체가 되라고 강조합니다. 자기 계발에 매달리는 경제 인간보다는 자신의 영혼을 돌보아 가는 자기 배려를 살리는 예술 인간이 되라고 말하지요. 어쩌면 지금 우리에게 가장 필요한 것은 자기 계발 기술이 아니라 자기 배려의 기술일지 모르겠어요. 이제 자기의 삶을 진열대 위 상품처럼 질 좋은 상품으로 만들기 위하여 노력하기보다는 자신의 삶에 주의를 기울이고, 자신의 생명과 영혼을 소중히 돌보는 노력이 필요한 게 아닐까요?

그동안 나는 나를 얼마나 진정으로 배려해 왔는지를 한 번 생각해 보세요. 아니 나는 정말 배려가 무엇인지 알기나 했을까요? 항상 얼 마나 나를 소홀히 했는지요. 나를 쓰다듬고 어루만지는 시간이 있기 는 했는지 싶기도 해요. 고맙다고 어여쁘다고 진심으로 나에게 말한 적은 있었을까요? 오히려 내 멋대로 시간을 쓰면서 살아 오는 동안 나는 묵묵히 참고 견디고 있었던 것은 아니었을까요?

그러기 위해서 우리 잠시 쉬어 가요. 지금까지 애쓴 나에게 "잘했 다. 괜찮다." 이 한마디를 진심으로 해줄 수 있는 시간을 갖는 거예 요. 자기 계발을 하느라 바쁜 일상들에 지친 우리의 몸과 내면이 보내 는 정지 신호에 귀 기울여 봐요.

<br>

**멍을 때립시다!**  "선생님, 뭐하세요."

저는 화들짝 놀라 아이들을 쳐다보았어요. 저는 사실 무엇을 했다고 말하기가 어려워요. 왜냐하면 '멍'을 때리고 있었거든요. 우리 반 아이들에게는 뭔가 골똘히 생각하는 것처럼 보이겠지만, 솔직히 저는 아무 생각도 하지 않는 경우가 많아요. 사실, 멍 때리기는 작정한다고 되는 것은 아니에요. 어느 정도 정리된 마음가짐이 필요해요. 그렇다고 특별한 노력이 필요한 것도 아니에요. 초를 피울 필요도 없고, 고요한 곳을 찾을 필요도 없어요. 시끄럽다고 멍 때리지 못할 이유도 없어요. 나를 애써 들여다볼 노력도 하지 말아요. 그저 아무 생각 없이 있어 보는 것이죠. '나'인 채로 말이에요.

멍 때리기는 그저 저의 개인적인 체험만은 아니더군요. 신문에서 봤는데요. 2014년 10월 27일에 '제1회 멍 때리기 대회'가 열렸대요. 멍 때리기 대회를 기획한 '프로젝트 듀오 전기호'는 그냥 '멍을 잘 때려' 몸을 이완시켜 가장 심박수가 낮으면서도 시각적으로 가장 멍해 보이는 사람을 최종 우승자로 선정했대요. 이 기사를 보고 '멍 때리기라면 나도 자신 있는데!' 하는 생각이 제일 먼저 들었어요. 이 대회를 공동 기획한 행위예술가 웁쓰양은 "무한경쟁 사회에서 개개인은 자신의 모든 능력을 생산적인 활동에만 쏟아부으며 그것만이 가치 있는 일이라고 생각한다. 또 스마트 기기 때문에 외부 자극에서 잠시도 벗어나지 못한다. 이런 사회에서 '아무것도 하지 않음'에 대하여 고찰해 보고 싶었다"고 말했어요. 그리고 "이 대회 역시 멍 때리다가 만들게 됐다"고 덧붙였고요.

가장 오랜 시간 멍 때리며 안정적인 심박수를 유지한 우승자는 아홉 살 소녀였어요. 이번 대회 최연소 참가자라고 하네요. 이 학생은

'멍'을 이렇게 말했어요.

"아무런 생각을 하지 않고, 에너지를 사용하지 않고, 그냥 그대로 있으면 되는 게 멍이에요."

선생님은 이 대답이 매우 대단하게 들렸답니다. 이것이 바로 무념무상 아닐까요? 복잡한 삶을 살아가며 일상의 스트레스에 지쳐가는 사람들이 요가나 명상 등으로 도달하려고 하는 게 바로 '멍'과 같아요.

이 대회에서 멍 때리기 모범을 보였던 분 역시 의미심장한 말을 남겼어요. 이 분은 중고교 시절에 자신을 가르치던 선생님들에게 시선 처리로 혼나는 경우가 많았다고 해요. '수업에 집중하지 않는다'는 이유에서 말이죠. 그런데 실은 멍 때리기로 자신에 대해 집중하고 있었던 것이라고 하네요. 물론 생활기록부에는 '주의력 없는 소년'으로 기록되었겠지요.

이 분이 이 대회에 참여한 까닭도 그러한 '멍 때리기'가 한 인간을 얼마나 성숙하게 만들었는지를 보여 주고 싶어서라고 했어요. 현재 이 분은 게스트하우스 사장과 음악치료사로 살며 그 누구보다 충만한 삶을 누리고 있어요. 또래 친구들이 겪는 진로 스트레스도 거의 없고요. 그것은 친구들보다 경쟁에서 앞서 나가서라기보다는 친구들보다 먼저 자신을 바라보는 훈련을 해왔기에 가능한 것이었지요. 내 속의 울림에 집중하는 것, 주변 사람들의 눈치 말고 내 마음을 향하는 가장 좋은 수단이 바로 멍 때리기였다고 해요.

이 분이 생각하는 멍 때리기란 '아무것도 하지 않는 것을 행하는 고도의 자기철학적 행위'라고 하더군요. 이것은 노장사상과 맥을 같이해요. '끊임없이 자기를 비움으로써 모든 것을 품에 안는다.'라는 말처럼요.

이 대회에 참가한 50여 명은 아무것도 하지 않기 위해서 귀한 시간을 낸 사람들이겠죠. 이들이 애써 시간을 내서 왜 아무것도 하지 않았을까요? 이에 대해 저는 환경운동가 쓰지 신이치의 책《슬로 라이프》가 떠올랐어요. 느리고 소박한 삶을 살 수 있는 방법들을 70여 가지 키워드로 소개한 책이지요. 소개된 방법 중 특히 신선하고 통쾌하다고 생각된 "분발하지 않기 운동"이 기억나요. 이 운동은 일본 이와테 현의 지사를 지낸 마스다 히로야 씨가 이끌었어요. 2001년에 그는 신문에 '분발하지 않기 선언'을 광고로 냈어요. 거기에는 이런 문구들이 있었다고 하네요. "우리 제발 분발하지 맙시다. 느리게 좀 살아 보자고요."

슬로(slow) 라이프의 개념은 시간적 빈곤을 탓하면서 단순히 빠름에 역행해 삶의 속도를 늦추는 것만으로 보기에는 무리가 있어요. 오히려 이런 운동의 핵심은 바로 '자신의 개성과 속도에 맞춰 나가자'로 볼 수 있어요. 삶에서 자신만의 템포를 찾고, 그 안에서 의미와 가치를 탐색하는 것이지요. 유의미한 삶의 가치를 찾아가는 것이라고 할까요? 즉, 생산성이나 효율이란 가치에서 벗어나 자기 자신을 재발견하는 일인 것이죠. 그래서 '아무것도 하지 않으면서 빈둥거리고 멍 때리는 일'을 자청한 사람들에게 이 행위는 '생산적이지 않은 상태'나 '사회성이 결여된 상태'라고 생각되지 않아요. 무기력하거나 나태하다고 보지도 않고요. 그럼 이들에게 멍 때리는 일은 과연 무엇일까요?

선생님의 경우, 멍 때리는 것은 일종의 적극적인 자기 변신이라는 생각이 들어요. 믿을 것이라고는 자기 능력밖에 없는 요즘 시대에 우리는 더 이상 변신할 수가 없어요. 다만 자기 발전과 자기 계발만 있을 뿐이죠. 그러나 이것은 곧 경쟁력의 강화로 '타인보다 앞선다'에 초점이 있어요. 즉, 자기 계발은 타인과의 경쟁이고, 자기 변신은 과거의 자신과 다른 사람이 되는 과정이라고 볼 수 있어요. 그렇다고 자기 계발을 비판하려는 것은 아니에요. 우리 사회에서 자기 계발은 대개 좋은 의미로 절대 가치를 부여받고 있잖아요. 하지만 모두 다 성공할 수 없는 현실에서 자기 변신의 소중함을 소박하게 강조하고 싶어요. 아무것도 하지 않기는 무언가를 하지 않는 상태가 아니에요. 독자적인 자신의 실체를 느끼는 능동적인 행위인 것이죠.

**쉴 틈도 없는 스마트폰 시대에서 잠시 로그아웃하기**

여러분도 한 번쯤은 멍하니 하늘을 바라본 적이 있지요. 잠시 하던 일을 멈추고, 아무 생각 없이 멍하니 시선을 고정시킬 대상을 찾아본 적이 있지요. 운 좋게 맑은 하늘에 낮게 뜬 구름을 보는 날이면 눈동자에 생기가 돌죠. 딱히 자연이 아니라도 빈 찻잔이나 허공을 초점 없이 바라볼 때도 있어요.

되도록 오래 혼자서 빠져 있고 싶은 상태, 말로 표현할 수는 없지만 달콤한 시간으로, 내 안에 무언가 깨어나는 것을 느끼는 상태, 몽상으로 나른한 행복감이 밀려오는 상태 말이에요.

그런데 요즘은 스마트 기기들이 널리 퍼지면서 학생들이 이런 멍함을 즐기지 못하는 것 같아요. 여가 시간 대부분을 스마트폰으로 즉각적인 반응이 있는 다양한 SNS를 하며 보내지요. 우리는 한가로움이나 여유로움을 누리기가 한층 더 어려워졌어요. 늘 휴대하는 스마트폰은 사용자에게 끊임없이 '알림'을 보내고 있지요. 스마트폰과 SNS 서비스들은 점점 더 자극적인 정보로 우리의 관심을 끌고 있어, 그 유혹에서 벗어나기가 더 어려워졌어요.

더 심각한 것은 인터넷이나 스마트폰은 단지 우리의 시간을 뺏는 오락거리로만 생각할 수 없다는 거예요. 니콜라스 카의 책《생각하지 않는 사람들》(2011년, 청림출판)에서는 인터넷이나 스마트폰을 자주 하다 보면 우리의 인식 습관, 지각 방식이 바뀐다고 해요. 새로운 정보를 간략하게 계속 검색하려는 성질을 갖도록 뇌에 물리적인 변화를 준다는 것이죠. 단적인 예로, 우리는 정보 통신 기술의 발전에 둘러싸여 무언가에 집중하기가 매우 어려워졌어요.

이 책에서 카는 "우리 삶에서 산만함은 오랜 시간을 두고 늘어났지만 인터넷처럼 광범위하고 끈질기게 우리의 관심을 분산시킨 미디어가 없었다. 인터넷은 우리 조상들이 만족한 것 이상의 산만함을 제공하면서 우리에게 완전한 산만함이라는 본연의 상태로 돌아가게 한다. 산만함에 의한 산만함으로 인한 산만해진 상태"라고 말해요.

예를 들어, 스마트해진 우리는 최신 뉴스를 보며 새로운 메일을 확인하고, 여러 명과 문자 대화를 나눠요. 그때마다 하고 있는 일의 흐름이 끊기겠죠. 컴퓨터에는 여러 창을 열어 두고 시간이 흘러가겠죠. 우리는 링크를 따라 가느라 글 전체를 읽지 못하기 일쑤지요.

산만함과 함께, 바로 집착과 중독이라는 심각성이 대두되고 있어요. 더 많이, 더 오래, 더 짜릿하게! 이것이 우리의 영혼을 잠식해 버리는 거지요. 그 결과, 일상의 모든 활동이 '중독화'되는 거예요. 여러분도 자유의 시간을 대체로 게임, 인터넷, 스마트폰을 하면서 보내고 있지 않나요? 스스로 중독은 아니라고 생각할지 모르겠네요. 저는 중독이란 즐거움의 근거와 이유를 전적으로 외부에서 구하는 것이라 생각해요. 이제 스마트폰이 집, 학교, 사무실, 지하철, 심지어 엘리베이터까지 이르는 모든 장소에서 시선을 장악하고 있어요.

깊이와 울림 없이 그저 중독되는 스마트 라이프라고 할까요. 더 나아가 '스마트한 지식'에 대한 경고도 나오고 있어요. 니콜라스 카는 통합된 만능기기로 유통되는 지식은 '질보다는 양' 위주라고 말해요. 우리는 스마트폰으로 음악을 듣고, 동영상을 보며, 인터넷 검색도 하지요. 이 통합 미디어는 '지식, 정보의 분절화'를 초래해요. 예를 들어 볼까요? 디지털 음원들은 이제 짧게 분해되고 있어요. 앨범은 하나의 곡으로 나뉘어 팔리고, 곡의 클라이맥스는 따로 떼어져 벨소리로 사용되고 있잖아요. TV 방송도 마찬가지고요.

이처럼 우리 일상은 이제 얕고 달콤한 정보의 산만한 습득으로 이루어지고 있다 해도 과언이 아니에요. 우리 뇌는 정보를 계속 받아들이면서, 점점 피로감을 느끼지요. 이제 귀한 자유 시간을 외부 자극이 아닌, 자신과 소통하는 휴식과 충전으로 보내야 할 것 같아요.

최근 〈사이언티픽 아메리칸 마인드〉라는 과학 잡지에서 '백일몽의 힘'을 표지 이야기로 다룬 적이 있어요. 부제는 '머릿속의 구름, 그 속에서 창조력을 찾아라'입니다. 이 잡지에서 영국 랭커스터 대학의 연구자들은 쉬는 시간을 준 뇌가 창조력을 요하는 문제를 더 잘 푼다고 결론을 내렸어요. 이제 최신 뇌 과학에서는 아무것도 하지 않고 멍 때리는 가치를 매우 중요하게 보고 있지요.

또한 미국 하버드대 의대 교수인 로버트 윌리스와 허버트 벤슨의 연구를 보면, 7시간 수면에서는 산소 소비량이 8~10% 줄어드는 반면, 명상을 하면 10분 이내에 평균 17%까지 줄어들었대요. 즉 깊이 자는 것보다 명상이 두 배나 더 깊은 휴식을 준다는 것을 입증한 거지요. 이 연구 결과에 의하면, 효과적인 스트레스 해소 방법이 바로 마음을 비우고 아무것도 하지 않는 거라네요. 이쯤 되니 우리도 이제 멍하니 여유로운 시간을 만끽해 보고 싶어지지 않나요?

**뇌가 쉬는 게
쉬는 게 아니야!**  멍 때리기 대회의 취지는 '뇌를 쉬게 하자'입니
다. 쉬지 않고 뇌를 쓰는 현대 사회 사람들은 쉽
게 지치고 이로 인해 분노 조절이 잘 안 되기도 해요. 그래서 여기서
는 멍 때리기의 가치를 좀 더 미래적인 관점에서 살펴보려고 해요.

"여성, 노인, 멍 때리기."

이 세 단어의 연결고리는 바로 미래의 직장 풍경을 설명하는 키워
드라고 해요. 영국 컨설팅업체인 미래 연구소와 손해보험사 유넘이
제시한 '미래의 직장' 보고서(직장인 1000명을 설문 조사한 것과 '퓨처스
100 네트워크' 소속 전문가집단의 견해를 토대로, 고용주들이 15년간 종업원
들의 안녕을 위해 무엇을 해야 할지를 점검하기 위한 보고서)에서 '2030년
직장 풍경'의 해답으로 전망했어요. 미래의 직장이 크게 네 방향으로
진화해 나갈 것인데, 간단하게 말하면 일 중독과 남성성이 몰락하고,
멍 때리는 시간이 늘어나며, 은퇴가 아닌 복귀가 화두가 될 것이라고
해요.

이중에서 멍 때리는 시간의 확대만 살펴볼까요? 멍 때리기는 뇌에
휴식을 주는 것을 말해요. 머리를 비울 때 오히려 창의성이 발휘된다
는 연구들이 잇따라 나오면서 요즘 '뇌에 휴식을 주자'는 주장이 설득
력을 얻고 있어요. 기업들도 이제 멍 때리기의 미학을 받아들여야 더

많은 아이디어와 해법을 창출할 수 있다고 보는 것이죠. 다시 말해 바로 '직장이 사람 중심으로 바뀐다'고 할 수 있어요. 여러분이 직장을 다니는 2030년에는 하루 24시간 상시 접속 상태인 디지털 생활에서 벗어나 개인의 성취와 안녕에 더 가치를 두게 될 거예요.

결국, 멍 때리기처럼 '아무것도 하지 않기'는 무엇인가를 해야만 하는 인생을 바꾸는 여유의 창의력을 길러 줄 수 있어요. 김정운 박사의 책 《노는 만큼 성공한다》를 보면, 창의성이 가장 높아지는 때는 아무 생각 없이 걷거나, 운전하며 노래를 흥얼거릴 때, 수영할 때라고 강조해요. 이런 주장에는 뇌 과학 연구가 결정적인 영향을 미쳤어요. 휴식 중인 뇌에 대한 새로운 이해라고 할까요. 즉 뇌는 일할 때 활성화된다는 오랜 통념을 깨고, 쉴 때 더 바빠지는 뇌의 영역이 발견되었어요.

2001년 미국의 신경과학자인 마커스 레이클은 '쉬고 있지만 쉬지 않는 뇌'를 설명하는 새로운 개념을 제안해요. 그는 1990년대 뇌 연구를 하던 중에 이상한 상황에 맞닥뜨렸어요. 뇌 영역 일부가 쉴 때는 부지런히 활동하다, 오히려 휴식이 끝나면 활동이 줄어드는 현상이었어요. 그는 이런 현상을 뇌의 기본상태가 일할 때엔 활동이 줄다가 쉴 때엔 다시 활동이 늘도록 내정되었다고 보고 '기본상태(디폴트 모드)'의 신경회로라고 이름 붙였어요. 오랜 통념에 금이 가기 시작한 것이죠. 레이클 교수는 뇌가 쉴 때 기본상태 회로가 활성화되는 건 뇌 안팎의 여러 정보를 수집하고 평가하기 때문이라고 추정했어요. 이

후 여러 연구를 통해 기본상태 회로가 이밖에도 중요한 일들에 관여한다고 밝혀졌어요. 이것은 우리에게 아무것도 하지 않는 것이 매우 중요함을 뇌 과학으로 보여 준 셈이죠.

이 기본상태 회로는 일종의 '대기 상태'라고 할 수 있어요. 뇌가 어떤 과제를 수행할 때마다 어떻게 할지를 결정하는 것은 매우 힘들어요. 하지만 다음에 무슨 일이 일어날지를 짐작하는 인지 구조가 있다면, 훨씬 부담 없이 수행이 가능해지겠지요. 또 기본상태 회로는 '자아 성찰' 즉 자신을 되돌아보는 일을 담당해요. 아울러 기본상태 회로는 문제 해결과 창의성에 도움을 줄 수 있어요. 흔히 어려운 과제를 만나면 문제를 푸는 노력도 중요하지만 동시에 잘 쉬어야 해요. 한가로이 아무것도 하지 않을 때 기본상태 회로가 활발히 정보를 주고받으면서 새로운 해법을 떠올리기 때문이죠. 왕이 내준 과제를 고민하던 아르키메데스가 '유레카'를 외친 장소가 어딘지 아시죠. 바로 연구실이 아닌 욕조였어요.

앞에서 현대인이 성과를 올리기 위해 '자기 착취'를 하고 있다고 말했어요. 여러분의 모습도 비슷하지요? 0교시 수업과 야간자율학습, 방과 후 학원 순례의 현실. 그래서 아무것도 하지 않기를 강조하면 현실감이 떨어진다고 할지도 모르겠어요. 하지만 바쁘게 공부하느라 쉬지 않으면 뇌의 기본상태 회로의 능률이 떨어질 뿐더러 자신의 삶을 배려할 수 있는 자아 성찰, 역지사지 등도 힘들어진다는 걸 유의하길 바라요.

## 아무것도 하지 않을 권리를 누리자!

《아무 것도 하지 않을 권리》는 정희재 씨가 쓴 책의 제목이에요. 열심히 일해도, 아무리 쉬어도, 그 무엇을 사도, 여전히 행복하지 않은 사람들을 위해 "넌 할 수 있어!"라는 다그침은 이제 그만하자는 유쾌한 선언이 적혀 있지요.

용기와 결단만 가지면 아무것도 하지 않기의 세계에 입장할 수 있고, 그 세계는 아주 가까이에 있어요. 그 세계로 들어가는 시작은 바로 멈춤이라고 생각해요. 저도 이 글을 쓰면서 필요할 때마다 멈춤의 시간을 가졌어요. 때로는 침대에 누워 눈감고, 숨을 깊이 들이마셨다가 내쉬면서 잠들기도 했어요. 그저 숨 쉬기 이외에는 아무것도 하지 않았어요. 책을 보지도 않고, 스마트폰이나 노트북을 열어 보지도 않았어요. 이런 멈춤의 시간을 보내면서 저는 새로운 힘을 얻어 다시 이 글을 쓰게 되었죠. 저처럼 일단 내면의 정지 신호에 귀 기울여서 멈췄다면, 미국 작가인 찰스 부코스키의 묘비명처럼 "Don't try" 해보세요. 가만히 자기를 두어요.

아무것도 하지 않기의 시작은 바로 멈춤이에요. 멈춘다는 것은 새로운 방식으로 자신의 삶과 소통하기 위한 준비 과정이라 할 수 있어요. 멈추지 않고서는 절대로 알 수 없는 것들이 분명히 있어요.

혹시 '그럼 멈춰서 무슨 생각을 해야 할까요?'라고 묻는 친구들도 있겠지요? 아뇨, 아무런 생각도 하지 마세요. 우리는 늘 생각해야 할 일들에 치여 살아가고 있어요. 아침부터 저녁까지 우리는 서로의 생각을 묻고 말해요. 하루에도 수십 번 의견을 말해야 되는 일이 생기지요. 자기 의견을 분명하게 말해야 주변에서 존재감을 인정받기도 하죠. 사실 생각하며 살아간다는 건 나쁜 일이 아니에요. 인류 역사와 문명이 여기까지 발달해 온 것도 생각 덕택이지요. 다만 대부분의 생각들은 자신의 한계 안에 갇혀 있고, 항상 옳고 그름을 따지게 되어서 나 자신을 더욱 피곤하게 만들어요. 예를 들어서, 내가 옳다고 생각하는 것을 다른 사람이 따르지 않으면 화가 나죠. 그 사람과의 관계도 나빠지겠죠. 자신의 생각을 제때 표출하지 못하면 답답해서 나를 더 힘들게 만들고요. 이처럼 생각은 갈등과 피로를 불러일으키는 면도 있어요.

《아무것도 하지 않을 권리》를 쓴 정희재 씨는 '생각하지 않기'가 문제나 책임을 회피하자는 것이 아니라고 이야기해요. 오히려 달리 표현하면 생각을 비우는 것이라고 하네요. 무심코 받아들이던 기존 가치를 재점검해 보고, 더 자유로워지는 것이라고 이야기하지요.

> "아무것도 안 하고 싶다.
> 이미 아무것도 안 하고 있지만
> 더 격렬하게 아무것도 안 하고 싶다."

아주 오랜만에 기막힌 유행어 하나가 등장했어요. 사실 이 말은 카드회사 광고에 나오는 멘트이지요. 그냥 안 하고 싶다는 독백에 많은 사람들이 공감을 했겠죠. 이 대사는 사실 논리적으로 맞지 않는 문장이죠. 아무것도 하지 않는 것보다 더 아무것도 하지 않겠다는 것은 모순이잖아요. 아마도 이 대사는 현대 사회의 부조리함을 꼬집어 주고 있는 것 같기도 해요. 우리도 이 대사처럼 오늘 하루는 나 자신을 위해 더 격렬하게 아무것도 하지 않아 볼까요?

김국태 샘

# 나만의 브랜드를 만들어 보렴

나라는 존재를
당당하게 PR하는 재미를
맛보게 될 거야

    태어나면 누구나 이름을 갖게 됩니다. 각자의 이름에는 나름의 의미가 깃들어 있지요. 옛 어른들은 젊은이들이 잘못을 저지를 때 이름값을 하라고 나무라곤 하셨어요. 이름 없이 몸을 던졌지만 이름값이 높아진 분이 있고, 말 그대로 무명으로 스러진 분들도 많지요. 인류의 긴 역사를 돌아보면 이름값을 남긴 분들보다 무명으로 남은 분들이 훨씬 더 많을 거예요. 무명용사를 기리는 비 앞에 서면 어떤 생각이 들까요? 아무도 이름값을 못했다는 생각은 들지 않을 거예요.

요즘도 '이름값'이라는 표현을 종종 쓰지요. 어떤 제품이나 기업, 스포츠 경기 결과 등에도 광범위하게 사용합니다.

"이번에 나온 스마트폰 새 모델 말인데 디자인이 영 아냐. 이름값도 못해."

"어제 야구 봤어. 그 팀은 이름값을 하더군."

이럴 때 이름값은 기대 수준을 뜻합니다. 사람이건 제품이건 기업이건 일상적으로 유지해야 할 기대 수준이 있기 마련이지요. 그게 상업화되면 브랜드가 되는 거지요.

브랜드는 현대 사회에서 환산 가능한 값어치로 여겨집니다. 심지어는 나라별 브랜드 가치를 측정해 '한국은 얼마짜리고 세계에서 몇 등' 식의 보고서도 있을 정도니까요. 우리는 일상에서 많은 제품을 만나요. 자연스럽게 제품의 브랜드에도 시선이 가고 그 브랜드에 의해 이미지를 그리게 되지요. 상업 제품의 이름값이기도 한 브랜드는 이제 사람을 향해서도 쓰는 말이 되었어요. 자신의 브랜드 가치를 높이라는 이야기를 흔히 하게 되었습니다.

우리는 브랜드 중의 브랜드를 명품이라고 부릅니다. 우리 사회에서 명품 브랜드는 단순히 퀄리티 높은 고가 제품의 이미지 외에 그것을 소유한 사람의 가치를 대변해 주기도 합니다. 어찌 보면 브랜드 마케팅에서 고급 전략의 효과일 수도 있어요. 명품 화장품, 명품 가방,

명품 신발로 치장하면, 괜스레 자신의 가치도 높아진다는 기분이 들게 되는 것이지요. 명품과 그것을 소비하는 자신이 동일시되기 때문입니다. 그런 탓에 과도하게 명품에 집착하거나 중독에 빠지는 사람들도 있습니다.

사실 명품이 사람의 가치를 돋보이게 해주는 효과는 상업적인 면에서 봤을 때 그런 것이지요. 사람은 상업적인 면으로 평가를 받는 존재가 아니기 때문에 명품 브랜드가 사람 자체를 가치 있게 만들어 주지는 못합니다. 어찌 보면 명품 브랜드로 자신을 치장하려는 심리는 현대 사회에 점점 나약해지는 개인의 존재감, 유능감을 고가의 명품으로 커버하기 위한 생존 방식일 수도 있어요. 사람들은 명품을 들고 신고 입음으로써 자신 역시 명품이 되었다는 착각에 빠집니다. 명품을 주로 소비하는 부유층의 일원이 된 듯한 기분이 들기도 하고요. 이러한 명품에 대한 착각은 몰개성을 몰고 오기도 합니다. 명품 브랜드 루이비통의 가방의 별명은 바로 '3초백'입니다. 걷다가 3초만에 루이비통 가방을 든 사람을 발견한다는 의미의 별칭이지요.

값비싸고 고급스러운 것이 명품의 절대 가치는 아닙니다. 무엇보다 명품은 말 그대로 제품이고, 우리는 제품을 소비하는 주체이지요. 그렇다면 소비의 주체인 자신의 개성을 잘 표현하고, 정체성을 보여주는 것들이 진정한 명품이지 않을까요?

## 자신의 이름이 브랜드가 된 사람들

이처럼 브랜드의 역할은 단순히 상품의 이름값, 이미지라고 말하기에는 더 광범위합니다. 소비하는 주체의 개성과 취향, 더 나아가 정체성도 담길 수 있기 때문이지요. 마찬가지로 명품 브랜드 역시 그냥 얻어지는 이름이 아녜요. 브랜드 가치가 높은 제품에는 가치와 정체성이 담겨 있기 마련이에요. 세계적 명품 브랜드는 만든 사람 이름을 그대로 쓰는 경우가 많아요. 브랜드를 만든 이의 삶과 가치관이 고스란히 담겼기 때문이지요. 샤넬, 구찌, 루이비통 같이 세계인들이 사랑하는 브랜드명이 바로 그에 해당합니다.

샤넬은 열두 살에 어머니를 여의고 아버지도 떠나가요. 고아가 된 그녀는 변두리 술집에서 노래를 부르며 생활하기도 했어요. 어려운 생활에서도 그녀는 여성의 옷에 대한 다양한 질문과 생각을 던져 나갑니다. 여성들이 몸을 옥죄는 코르셋을 꼭 입어야 하나? 땅에 질질 끌리는 긴 치마가 과연 아름다운가? 여성들도 남성들처럼 바지를 입으면 얼마나 편할까? 샤넬은 명품 브랜드가 되기 전부터 여성들이 환호하는 옷이었을 거예요. 샤넬의 삶이 당시의 의복과는 전혀 다른 개념의 옷을 디자인하게 했고, 그녀의 도발적인 시선과 질문이 자신의 브랜드 가치를 높이는 디딤돌이 된 것이지요.

구찌도 호텔 벨 보이로 손님의 짐을 나르는 일을 했어요. 귀족들의 짐을 눈여겨보면서 그는 안목을 높이고 그것을 자신의 브랜드에 담습니다. 루이비통은 어려서 목공일을 배웠고 14살에 집에서 나와요. 목공으로 익힌 손재주가 기능성과 맵시를 함께 갖춘 여행용 가방을 만들어낸 바탕이 되었다고 하네요. 모두 자기 앞의 신산한 삶을 뚜벅뚜벅 걸어 나가며, 자신만의 정체성과 가치를 찾아 나갔기 때문에 명품을 일궈 낼 수 있었던 거죠.

브랜드 가치를 연구해 온 권위자 톰 피터스 교수는 고난의 세월을 거치지 않은 명품 브랜드는 없다고 해요. 자기만의 브랜드를 만들어 세계적으로 유명해지기까지 숱한 위기와 고난이 있었을 테지요. 그런 위기와 고난에서 흔들림 없이 지탱해준 것은 바로 자기 자신을 제대로 알고, 반드시 지켜야 할 가치와 이미지를 보전했기 때문이 아닐까요? 그러기 위해서는 자기 브랜드에서 무엇이 핵심이고, 무엇이 남과 다르며, 무엇이 강점인지를 잘 알아야 합니다. 그리고 어떤 이미지를 가지고 세상과 소통하고 있는지도 잘 알아야 합니다. 그것을 적절한 방향으로 표현해야 하구요. 자기 이름을 세계적인 브랜드로 만들어 낸 저 세 사람 역시 그것을 매우 잘해낸 사람들이었지요.

점점 경계가 무너지고 있는 드넓은 세상에 나를 알리는 가장 좋은 방법은 바로 '나'라는 브랜드를 참신하게 만들어가는 것이에요. 이것은 나를 과대 포장하라는 것이 아니에요. 바로 자기 자신을 더 이해하고, 내게 맞는 방향을 찾아서 세상에 적절하게 나를 알리는 것이지요. 나만의 브랜드를 만드는 것은, 상업적인 가치를 절대 무시할 수 없는 요즘 사회에서 나를 흥미롭게 탐색하는 방법 중의 하나예요. 경쟁적인 분위기로만 비춰지는 세상에 대해 더욱 밀도 있게 들여다보는 계기도 됩니다. 그리고 상업적인 기준에 잠식되기 쉬운 환경에서 나라는 가치를 찾아서 드높이는 방법을 연구하는 기회도 됩니다.

나의 정체성을 이미지로 표현하면 어떨까? 나의 가치관을 대변하는 단어는 무엇이지? 나에게는 어떤 히스토리가 있지? 어떤 강점이 있지? 이런 질문들을 던져 가면서 나의 브랜드를 적응력 있게 만들어가 보는 것이지요. 그 방향이 꼭 사회가 말하는 성공적인 전략과 가치관을 따를 필요는 없어요. 각자 자신에게 잘 맞는 방향과 과정을 따르는 것이 가장 가치 있고 성공하는 방식이 될 테니까요. 자신의 이름이 직접 명품 브랜드가 된 이들이 그랬던 것처럼요.

### 맨 땅에 헤딩하듯 브랜드를 만들어 나가는 청년

여기, 자신의 뜻을 담은 브랜드를 만들기 위해 고군분투하는 청년의 노력을 들여다볼까요?

인천 신포동은 꽤 알려진 동네예요. 신포닭강정, 신포만두, 신포쫄면, 신포국제시장 등 우리에게 익숙한 유명 브랜드로도 알려져 있어요. 거기에는 '신포살롱'도 있어요. 이름이 살롱이지만 가게는 아녜요. 동네에서 일하는 문화단체이지요. 유명상이라는 청년이 대표로 활동하고 있어요.

신포동은 한때 먹고 마시는 유흥 거리로 유명했어요. 유 대표는 기존의 유흥가 이미지를 벗어나 새로운 문화 흐름을 만들어 보고자 일부러 단체 이름에 살롱을 붙였어요. 남자인데도 자신을 유 마담이라 칭하며 활동했지요. 살롱과 마담은 신포동의 과거 브랜드라고 할 수 있어요. 거기서 벗어나 젊은이가 모이는 거리를 만들겠다는 게 유 마담의 뜻이죠.

과거의 이름으로 새로운 신포의 브랜드를 만들어 가겠다는 발상이 사람들의 호응을 얻고 있어요. 유 마담과 신포살롱의 노력으로 신포거리는 젊게 변하고 있답니다. 거리 축제가 생기고 젊은 예술가들이 상주하는 문화 공간이 속속 들어서고 있어요. 신포동을 찾는 분들을 위해 '끼룩끼룩 갈매기여관'을 운영하기도 해요. 처음에는 저렴하게나마 비용을 받다가 지금은 무상으로 운영한다고 하네요. 신포동에서 지내려는 분들은 무상으로 숙박하고 나서 후원금을 놓고 가거나 후원 활동으로 비용을 보탠다고 하네요. 이불 빨래나 청소를 해놓아 다음 손님들이 쓸 수 있도록 하는 방식이래요. 그 외에도 신포동에 이런 숙박 공간이 있다고 알리거나 인천 강화도에 있는 자매 민박집인 '아삭아삭 순무민박집'을 홍보해 주기도 하고요. 이것은 누구나 사랑할 수 있는 거리 브랜드를 만들기 위해 신포살롱에 모인 청년들이 해내고 있는 실험이에요. 이들은 과연 브랜드 만들기에 성공할까요?

어쩌면 성공이냐 실패냐는 물음 자체가 쓸모없는 것일지 모르겠어요. 최근 일본에서는 '실패학'이라는 연구 분야가 생겼다고 해요. 실패 역시 다음을 위한 귀중한 자산으로 쓰이므로 값지다는 생각에서 출발한 분야지요.

일본보다 앞서 더 철저하게 실패를 기록했던 이가 바로 임진왜란 당시 유성룡이었어요. 드라마로도 방영된 〈징비록〉은 유성룡이 실패를 실패로 남기지 않겠다는 절치부심이 엿보이는 기록물이에요. 징비는 과거를 징계해 후환을 경계하자는 뜻이래요. 과거의 잘못을 제대로 반성해야 미래를 준비할 수 있다는 메시지가 저술 목적이죠. 실패를 실패로 끝내지 않는다면 그것은 실패가 아닐 거예요. 더 나은 성과로 가는 한 과정으로 받아들일 수 있는 거죠. 신포살롱의 유 마담은 '시사 인천'과 나눈 인터뷰에서 이렇게 말해요.

"실패해도 계속 도전할 수 있는 용기를 잃지 않고 실패마저 재산으로 존중 받을 수 있는 분위기, 그런 사회를 만들고 싶어요."

그는 이미 자신이 원하는 길을 가고 있어요. 신포살롱과 유 마담이라는 확실한 브랜드를 만들어 냈고요. 이제 그 브랜드는 신포동을 넘어서고 있어요. 신포를 젊게 하려면 신포동 안에 머물러서는 안 된다는 생각에서죠. 인천으로, 전국으로, 세계로 넓어지는 길을 나아가는 브랜드를 위해 고심하고 있어요. 자신의 브랜드를 만들어 나가고, 비슷한 생각으로 도전하는 사람들이 함께한다면 더 멋진 길이 열리지 않을까요?

## 새로운 가치를 만들어 내는 일, 그리고 생각들

'우버(Uber)'는 차량을 공유하는 서비스예요. 인터넷에 등록하고 필요하면 불러서 사용하는 단순한 시스템인데 택시업을 위협할 정도로 성장했어요. '에어비엔비(Airbnb)'는 전 세계 여행 숙소로 빈 방을 알려 주고 필요한 사람이 이용하도록 중계해 주는 공유 시스템이에요. 그게 호텔업계의 실적을 능가하는 브랜드로 가치가 치솟고 있어요. 불과 4~5년 사이에 벌어진 일들이죠.

공유할수록 가치가 커진다는 게 놀랍죠. 물론 부작용도 있을 수 있어요. '우버'를 이용하는 고객들은 저렴한 비용이라는 장점을 누릴 수 있어요. 하지만 공유 택시를 운전하는 노동자 입장에서 우버는 반가운 존재만은 아니에요. 기존의 택시 노동자들도 어렵기는 마찬가지라서 우리나라 택시 기사들은 우버 택시를 반대하고 있어요. 공유를 통해 얻은 가치를 누군가 독점하다 보니 문제가 생겨난 것이지요. 이처럼 새로운 가치를 만드는 일에 대해서는 다양한 시각과 이해를 고려해야 합니다.

요즘에 '달팽이집'을 브랜드로 만들어 가는 청년들이 있어요. 이것을 '공가(共家)'라고 표현하는 젊은이들도 있고요. 성인이 되어 부모로부터 독립하려면 거처가 필요한데 혼자의 힘으로 마련하기는 힘들어요. 방을 구하고 생활을 꾸려 가려면 비용이 만만치 않기 때문이지요. 그런데 주택을 나눠 쓰면 공간을 마련하기가 쉽겠죠. 집을 설계

할 때부터 아예 공유 주택으로 지으면 불편도 줄일 수 있고요. 달팽이가 작지만 자기 집을 갖고 다니듯 공유 가옥으로 아파트 브랜드를 능가하는 '우리'의 브랜드를 만들어 낼 수 있지 않을까요?

물론 '브랜드'라는 말을 상업적으로만 생각한다면, 매우 어렵고 대단한 일이라고 생각될 수 있어요. 하지만 '새로운 가치를 만들어 내는 일'이라고 생각한다면 아주 소소한 것부터도 가능하답니다.

'한국의 스티브 잡스'라는 찬사를 들은 유주완 군은 열여덟 살에 서울버스를 안내하는 앱을 개발했어요. 주완 군이 과연 거창한 창업이나 내 브랜드를 만들겠다고 생각하고 시작한 일이었을까요? '서울 버스'는 여럿이 불편해하는 소소한 사안에서 출발한 아이디어입니다. 그랬기에 인기 앱이 될 수도 있었고요. 나도, 너도, 우리가 모두 공감했던 부분을 새로운 방법으로 해결하려는 시도를 했기에 가능했던 사례죠. 사람들과 어려움을 함께 해결하려는 뜻이 없으면 사람들이 환호하는 브랜드도 안 나왔을 거예요. 이 앱은 개발된 이후 지금까지 천만 건 이상 다운로드를 받았다고 하니 대단히 성공한 사례이지요.

새로운 가치를 만들어 내는 일은 세상에 없던 길을 내는 과정이기도 해요. 나 혼자만 갈 수 있는 경로는 길이 되지 않아요. 그 길을 갈만해야 뒷사람이 풀숲을 헤치며 뒤따라와서 길이 다져지죠. 나와 타인의 필요를 연결하는 눈매는 성공하려는 욕심이 아니라 관심에서 나옵니다. 예를 들어 시골 버스는 노인들이 많이 타세요. 짐을 들고 오르내리는 일도 쉽지 않고 안전사고의 우려도 높아요. 그래서 충북 영

동군, 옥천군에서는 인건비 때문에 사라졌던 안내양을 버스에 다시 배치하기로 했어요. 그리고 그 사례가 다른 곳으로 퍼져 나가고 있어요. 승객들이 무슨 불편을 겪고 있는지 살펴본 것에서 '안내 도우미가 있는 친절한 고장'이라는 그 고장의 브랜드가 만들어지게 된 거지요.

이제는 일반적이지만 지하철 안전문에 처음으로 시가 등장하면서 '시가 흐르는 서울'이라는 문화 브랜드가 만들어졌어요. 서울 광화문의 랜드마크인 교보빌딩의 글판도 이제는 광화문의 명물이 되었지요. 이 역시 광고 문구에 피로감을 느낀 시민들을 유심히 살폈기에 가능한 일이었어요. 지난 25년 동안 교보빌딩 벽면을 광고로 채워 얻은 수익과 비교할 때 어느 편이 더 브랜드 가치를 높인 일이었을까요?

나만의 브랜드는 나의 정체성과 가치 탐색도 중요하지만, 사실 남과 차별화하려는 치열한 노력을 기울여야만 얻을 수 있어요. 요즘처럼 브랜드가 범람하는 세상에서는 더더욱 그렇지요. 하지만 남을 지나치게 의식해 차이만을 부각시키려 들어서도 안 돼요. '브랜드화'라면 타인과의 소통과 인정이 필요하기 때문이에요. 튀는 복장과 과감한 장신구는 단박에 시선을 끌어당기죠. 순간적인 흡인 효과는 높은데 비슷한 친구들 외에는 다가오기 힘들겠죠. 그런 치장에 편견이 있는 분들에게는 불편한 일이기도 하구요.

브랜드를 외적 가치로만 볼 때는 남에게 보이는 것에만 집착할 수 있어요. 다른 상품, 다른 가게, 다른 기술, '다르게, 다르게'를 외치는 게 나만의 브랜드를 만드는 첫 출발일 수 있죠. 그런데 사람들의 일상은 반복되는 생활의 연속이에요. 밥 먹고 일하고 잠자는 일이 되풀이되지만 그 사이사이에 삶의 의미가 깃들어 있죠. 매우 유명한 브랜드들도 그런 일상에서 많이 벗어나 있지 않아요. 스마트폰은 현대인의 일상을 대표하는 브랜드죠. 그 안에 평범한 삶의 대화가 녹아들어 카카오톡, 밴드 등이 떴어요. 묘하게도 성공한 브랜드는 사람들의 사연이 넘쳐나는 삶의 또 다른 공간이에요. 나만의 브랜드를 만들어 내는 일과 인생에 대한 관심은 떨어져 있지 않다는 거죠.

자, 이제 밖으로 나가 나만의 브랜드를 만들고자 하는 마음으로 세상을 바라보세요. 이전과는 다르게 보이는 것들이 많을 거예요. 많은 사람들이 애용하는 커피 브랜드 스타벅스도 온종일 사람들의 움직임을 관찰한 끝에 가게 터를 정한다고 해요. 우리가 삶의 터를 정하는 방식도 그와 크게 다르지 않답니다. 나만의 브랜드를 만들고 세상과 소통하는 것 역시도 사람들 속으로 한걸음 더 다가서야 보이지 않을까요?

임병구 샘

# 비효율적으로 살아 보렴

**비효율적인 것, 과학적이지 않은 것,
실용적이지 않은 것이
세상을 변화시킨단다**

효율성이란 최소의 투입으로 최대의 산출을 내는 것을 말해요. 공부를 예로 들면 가장 적은 시간과 비용을 들여서 가장 높은 점수를 내는 것이죠. 경영학에서는 효율성을 굉장히 중시해요. 어떤 회사가 스마트폰 1만대를 팔겠다는 목표를 정했다고 가정해 보죠. A 회사는 10억 원어치 재료를 사서 10일 동안 일해서 9,000대를 만들고, B 회사는 20억 원어치 재료를 사서 14일간 일해서 10,000대를 만들었다면 A라는 회사가 효율성이 훨씬 높은 것이죠. 하지만 1만대를 만들겠다는 애초의 목적은 B 회사가 달성했으니 효과는 B 회사가 더 많았고요. 이 경우 B 회사가 효과성은 더 높다고 말해요.

제가 예전에 대안 학교에 있을 때 노작 교육을 강
조했어요. 노작의 뜻은 작업해서 무언가를 만들어
내는 활동을 말하지요. 사람들은 만들어 내는 활동을 통해 노동의 가
치를 경험한다고 해요. 그런데, 노작은 그렇게 효율적이지 않아요.

요즘에 인터넷으로 벽시계를 산다면 5,000원 이하로도 살 수 있
어요. 하지만 벽시계를 만드는 재료를 하나하나 구입해서 만든다면
15,000원이 넘어가지요. 보석함, 책꽂이, 쟁반 같은 물건들도 노작
시간에 직접 만드는 것보다 사는 것이 더 싸요. 하지만 제가 직접 벽
시계를 만들어 교실에 걸어 보니 그 반에 들어갈 때마다 시계에 눈길
이 다다르게 되더군요. 그 시계의 디자인은 세상에 하나밖에 없고,
시계를 볼 때마다 애착이 가면서 더 예쁘게 만들 디자인 아이디어도
떠오르더라고요.

노작에는 목공예만이 아니라 정원 꾸미기, 농작물 재배 등도 있지
요. 한번은 저희가 구청에 부탁해서 꽃 모종을 얻어 와서 학생들과 함
께 노작 시간에 정원과 화분에 심었지요. 학생들은 스스로 심은 꽃이
어서 더 애착이 간다고 하더군요.

학생들은 정원 꾸미기를 좋아하였지만 농작물 재배는 별로 좋아하
지 않았어요. 정원 꾸미기는 하루 이틀이면 끝나지만 농작물 재배는
시일이 오래 걸리지요. 비가 오든 햇볕이 따갑든 나가서 잡초도 뽑고
지지대도 세워 주고, 줄기를 끈으로 묶어 주어야 해요. 비가 오면 신

**155**

발에 진흙이 묻고 햇볕이 뜨거우면 땀범벅이 되지요. 물도 자주 줘야 했고요. 이렇게 해서 배추 같은 작물을 수확했는데, 아무래도 들인 공에 비해 수확물이 보잘 것 없어 보였나 봐요. 어렵게 수확한 배추로 김장을 담그려고 했는데 시장에서 파는 배추에 비해 너무 형편없었어요. 더구나 수확한 작물을 불우 이웃들에게 나누어 드리려고 했는데 도저히 그럴 만한 상태가 아니었지요. 결국 시장에서 배추를 사다가 김장을 담고 마을의 독거노인들께 갖다 드렸어요. 우리가 수확한 배추는 겉절이를 만들어서 학교 식당에서 먹었구요. 나중에 들어간 금액을 계산해 보니 시장에서 배추를 사는 편이 훨씬 비용이 적게 들더군요. 더구나 학생들도 작물을 키우는 고생을 매우 싫어했고요. 결국 노작에서 농업을 빼자는 의견이 나왔고, 농업은 희망하는 학생들 위주로 동아리 활동을 하고, 나머지 학생들은 농민들이 수확할 때 봉사활동을 가자고 했지요. 학생들은 농작물 수확은 매우 재미있어 했거든요.

그렇게 작물 활동을 이어가다 보니 처음에는 농업을 싫어했던 학생들도 2~3년이 지나자 조금씩 달라졌어요. 작물의 자라는 모습을 보고 애착을 느끼고 수확한 작물에 대해서 보람을 느끼게 되었지요. 작물을 아끼고, 또 관심을 갖는 태도가 생겨났지요. 농업은 다시 정식 과목이 되었어요. 농작물을 직접 재배하는 것보다 시장에서 사는 것이 더 효율적이지만 농약을 최대한 줄이고, 땀 흘려 키운 작물을 점심으로 먹을 때 학생들은 더할 나위 없이 뿌듯한 얼굴이 되었지요. 그것은 돈으로 바꿀 수 없는 귀한 경험인 것 같아요.

우리의 삶에서는 이처럼 효율성만 추구해서는 절대 맛볼 수 없는 것들이 생각보다 많이 있어요. 시장에 가면 쉽게 구할 수 있는 채소를 왜 직접 키우려 들까요? 가게에서 완제품을 사면 되는데 왜 사람들은 DIY(do it yourself의 약어. 가정용품 등을 직접 제작하거나 수리하는 것)를 하는 걸까요? 더 오래 걸리고, 더 완성도가 낮으며, 심지어 더 비용이 많이 들기도 하는데 말이에요.

그것은 효율성보다 더 사람을 행복하게 하고, 배우게 하는 가치들이 존재하기 때문입니다. 빠르고 쉽게 결과물을 얻었다면 결코 깨닫지 못했을 것들이지요. 작물을 길러 내면서 느끼는 정서와 내 힘으로 해냈다는 보람과 믿음은 돈 주고 살 수 없고, 빠른 코스를 통해 배울 수도 없는 경험이지요. 그런데 너무도 빨라지는 삶의 속도와, 모든 것이 구비되어 나오는 소비지향 사회에 살다 보니, 이러한 경험과 감정, 가치들이 경시되는 것 같아 안타까울 때가 있습니다. 몸과 마음이 왕성하게 자라고 있는 십 대 시절, 선생님은 여러분이 일부러라도 비효율적인 것을 경험해 보고, 거기서 얻는 가치를 알게 되었으면 해요.

요즘 인기 티비 프로인 〈삼시 세끼〉도 비효율적인 것의 가치에 주목한 프로그램입니다. 외딴 시골에서 인스턴트식품 없이, 논밭에서 난 먹거리를 가지고 삼시 세끼를 직접 차려 먹는다는 컨셉의 예능 프로그램이지요. 2014년에 이 프로그램이 맨 처음 나올 때만 해도, 사람들은 이 방송을 무슨 재미로 볼까, 시청률이 나오기는 할까 하는 생각을 했어요. 온갖 자극적인 게임과 임팩트가 큰 음향, 스타 연예인으로 점철되어 속도감 있게 편집되어 예능이 방송되고 있는 와중에 〈삼시 세끼〉는 확연히 느리면서, 스타도 없고, 자극적인 것도 없고 오히려 비효율적인 방식의 내용이었거든요. 그런데 이 프로그램은 현재까지 높은 시청률로 시즌을 이어 오고, 스핀오프 프로그램까지 만들어 내는 등 큰 인기를 얻었습니다. 이것을 단순히 예능의 성공이라고 보기에는 시사할 점이 많이 있어요. 효율적인 삶을 추구하는 분위기에서 어느덧 우리는 중요한 가치를 잊고 살았다는 것을 깨닫고, 그에 호응하는 사람들이 많았던 것이지요.

시장에 가면 쉽게 살 수 있는 곡식과 채소이지만, 시간과 공을 들여 내 손으로 돌보고, 내가 먹을 밥을 성심을 다해 차려 내는 것. 강원도 정선에 가서 동물들의 끼니를 챙기며 이야기도 해보고, 빨랐다면 절대 보여지지 않았을 것들을 눈여겨보기도 하고, 고요한 산 공기를 마시며 시간을 보내는 것. 좋은 사람들을 위한 밥상을 차리며 그들과 함께 웃고 떠들며 밥을 먹는 것. 그 기쁨과 행복이 생각보다 훨씬 크다는 것을 알게 된 것이지요. 삶은 빠르고, 비싸고, 효율적인 것으로만 이루어지지 않는다는 것을 깨닫고 비효율적인 것의 가치를 재조명하게 된 것입니다.

**생명에게
효율성을 묻다**
효율성이 절대적인 가치가 아니라는 것은 세상 곳
곳의 일어나는 상황에서도 여실히 드러납니다. 그
저 효율만을 추구할 수 없는 상황이라면 어떻게 될까요? 이를 테면,
건강과 사람의 생명의 측면에서 효율성의 잣대로만 볼 수 있을까요?

만약에 감기에 걸렸을 때 1,000원짜리 A 약을 먹고 감기가 80% 나
았고, 3,000원짜리 B 감기약을 먹고 감기가 90% 나았다면 어느 약이
더 효율성이 있을까요? 당연히 A 감기약이 더 효율성이 있겠죠. 하지
만 감기 완치라는 효과성은 B 감기약이 더 낫고요. 여러분이라면 둘
중에 어떤 감기약을 복용하고 싶으세요? 당연히 A 감기약이겠지요.
80% 정도만 나아도 일상생활을 하는 데 크게 불편함이 없기 때문이
죠. 하지만 감기와 같은 가벼운 질병 말고 폐암과 같은 중병일 경우는
이 상황이 복잡해질 수 있어요.

잴코리라는 폐암 치료제가 있어요. 한 알에 12만 4천 원이나 하는
비싼 약이죠. 다른 폐암 치료제에 비하면 엄청나게 비싸죠. 가격이
비싸서 효율성은 낮지만 치료 효과 면에서는 꽤 좋은 약이라고 해요.
잴코리가 잘 맞는 폐암 환자의 경우, 과거에 하루에 두 알씩 복용하
여 한 달에 1,000만원에 가까운 약값을 내야 했대요. 그래서 건강보
험공단에서는 잴코리에 대해 건강보험 혜택을 주기로 2015년 5월에
결정했답니다. 환자들은 이제 한 달에 37만 원 정도만 부담하면 잴코
리를 처방받아서 폐암을 치료할 수 있어요. 하지만 아까 이야기하였

다시피 모든 폐암 환자가 잴코리를 먹는다면 건강보험공단에서 부담해야 할 돈이 엄청나게 많아지니까 다른 폐암 치료제가 별 효과가 없을 경우에만 잴코리를 쓸 수 있도록 제도를 만들었어요. 다시 말해서 2차 치료제로 사용할 경우에만 건강보험공단에서 보험 혜택을 준다는 것이죠.

감기약의 예처럼, 싼 가격의 약이 어느 정도 폐암에 효과가 있다면 그 환자는 싼 치료제로 폐암을 치료하면 되니까 효율성의 관점에서 보았을 때 건강보험공단의 결정은 적절했다고 생각해요. 하지만 다른 폐암 치료제를 쓰지 않고 처음부터 잴코리를 복용해서 거의 1~2억의 돈을 쓴 사람들은 앞으로도 잴코리에 대해 보험 혜택을 받지 못하게 됩니다. 다른 폐암치료제를 써보고도 치료가 되지 않을 때 잴코리를 사용해야 하는데 처음부터 잴코리를 복용했기 때문이죠. 결국 그 사람들은 돈이 다 떨어지면 더 이상 잴코리를 복용하지 못하게 되지요. 아니면 다른 약을 복용해 보고 상태가 나빠져 잴코리를 다시 쓰면 보험 혜택을 받을 수 있는데, 이 경우 너무 상태가 나빠지면 생명이 위태로울 수도 있는 문제가 생겨요. 그렇다면 이 사람들은 효율성만을 추구하다 자신의 생명을 위태로워질 수도 있게 되는 것입니다.

물론 잴코리라는 약이 만들어진 지 3~4년도 안 되었고, 주변에 폐암으로 고생하는 사람을 쉽게 보긴 힘드니 이 얘기가 여러분에게 와 닿지는 않을 거예요. 그렇다면 외국의 예를 하나 들어 볼게요.

칠레는 근로자 봉급에서 7%의 돈이 공공의료 보험비로 나갑니다.

우리나라와 다른 점은, 칠레 사람들은 의료 보험을 공공의료 보험과 민간의료 보험 중에서 선택할 수 있다는 점이에요.

병원에서 기다리기 싫고 더 좋은 의사에게 진료받고 싶으면 돈을 더 내고 민간의료 보험에 가입할 수 있어요. 많은 사람들이 직장을 다닐 때는 민간의료 보험에 가입해요. 그런데 60살이 넘어서 퇴직하면 돈이 없으니까 공공의료 보험에 가입하지요. 문제는 나이가 들면 더 자주 병원에 간다는 점이죠. 젊을 때는 민간의료 보험에 돈을 많이 내고도 병원에 별로 가지 않는데 나이가 들어 정작 의료 보험이 필요할 때에는 공영 병원에서 '기다리다가 죽게' 되는 상황도 생긴다고 해요. 젊은 사람들 가운데에서도 25세 전후 여성들은 직장생활을 해도 민간의료 보험 가입을 거절당하기도 해요. 젊은 여성들은 결혼해서 아이를 낳을 확률이 많기 때문이지요. 산부인과 병원비에 대해 보험료를 지불하기 싫은 민간의료 보험회사는 가임기 여성의 보험가입을 거절하고 있습니다.

칠레가 처음 민간의료 보험을 도입할 때 국가재정에 많은 도움이 되었다고 해요. 국가에서 공공의료 보험에 투입하는 재원이 많이 줄고 국민들은 취향대로 의료 보험을 선택할 수 있으니 효율성이 아주 높았죠. 하지만 정작 국민들이 보험 혜택을 받아야 할 시기에는 잘 받지 못하거나, 자신이 원해도 가입 거절을 당하는 딜레마에 봉착했어요. 사람의 생명과 건강을 온전히 효율적인 측면으로만 계산하려는 잣대가 일으킨 딜레마지요.

**교육에서 효율성을 묻다**

좀 더 우리 주위의 이야기를 해볼게요. 2015년 교육부에서는 교사 정원을 줄이는 방침을 내놓았어요. 학생 수가 줄어들면서 각 시도의 교원을 지역에 따라 20~80% 줄이기로 한 거죠. 신규 선생님들을 적게 뽑으면서 소규모 학교를 통폐합하게 되었어요. 한 학급이 20명인 소규모 학교와 30명인 학급을 효율성 면에서 살펴보면 30명 학급이 훨씬 효율적이죠. 1억 원을 투자해서 20명이 수업하면 효율성은 20인데 30명을 수업하면 효율성은 30이 되니까요. 그런데 교육의 질을 생각한다면 20명 학급이 훨씬 높다고 할 수 있어요. 선생님과 학생의 소통 기회도 많아지고 교육의 피드백을 주고받는 것도 훨씬 많기 때문이죠.

한편 어떤 학자들은 학급당 학생 수가 적다고 해서 교육의 질이 높지는 않다고 말해요. 20명 학급의 반 평균 점수가 30명 학급의 반평균점수보다 낮은 경우가 많다는 것이죠. 소규모 학급이 효과성 면이나 효율성 면에서 보았을 때 학업성취도에 도움 되지 않는다는 거죠.

하지만 학급당 학생 수가 적으면 선생님과 학생이 접촉할 기회가 많고 다양한 활동과 상담도 가능한데, 그런 것들은 측정할 수 없다는 점이 아쉬워요. 측정할 수 있는 것은 학업 성취도, 다시 말해 반 평균 점수이지요. (게다가 학생 수가 적은 학급은 주로 인구가 적은 농어촌 지역이나 구도심 지역, 즉 경제적으로 낙후된 지역에 많아요. 이들의 경제적인 수준이 학업성취도에 영향을 미치므로 소규모 학교가 성적이 낮은 것은 당연한 결과이기도 하지요.) 소규모 학교를 통폐합하여 마을에 학교가 없어지면 학생들은 굉장히 먼 거리로 학교에 다녀야만 해요.

　OECD 발표 자료에 따르면 2012년 기준의 우리나라 초중고 교원 1인당 학생 수는 각각 18.4명, 18.1명, 15.4명으로 OECD 평균인 15.3명, 13.5명, 13.8명보다 많다고 해요. 학급당 학생 수 역시 초등학교 25.2명, 중학교 33.4명으로 OECD 평균 21.3명, 23.5명보다 많지요. 신규 선생님을 줄이지 않는다면 선생님당 학급 학생 수가 줄어들어 우리보다 교육 수준이 높은 OECD 평균과 같아질 수 있을 텐데, 그 점이 아쉽게 느껴지기도 합니다.

　마이클 샌델의 《돈으로 살 수 없는 것들》에는 아이들의 성적을 올리거나 독서를 장려하기 위해서 책을 읽을 때마다 약간의 상금을 주는 것에 대한 이야기가 나와요. 실제로 미국의 뉴욕, 시카고, 워싱턴, 댈러스 등 대도시의 고등학교에서는 이런 제도가 운영되고 있어요. 마이클 샌델은 단기적으로 아이의 시험 점수를 올리거나 독서량을 늘릴 수는 있겠지만 이것이 결국 성적이나 독서를 돈을 벌기 위한 수단쯤으로 생각하게 만들 가능성이 높다고 말합니다. 이 경우 아이들에게 주는 돈은 효율성 차원의 인센티브가 아니라고 해요. 독서의 즐거움이나 미래에 대한 투자 같은 높은 차원의 규범으로 읽는 게 아니라, 돈을 벌기 위한 것 같은 낮은 차원의 규범으로 책을 읽게 된다는 것이죠. 마이클 샌델은 이를 도덕적으로 타협된 일종의 뇌물이라고 비판해요.

**효율성과 정의에 대하여** 마이클 샌델의 책을 좀 더 살펴볼까요? 그의 베스트셀러 《정의란 무엇인가》에 나온 철로 사례도 효율성에 대해 생각할 거리를 던지지요. 여러분은 기관사이고 그 기차는 브레이크가 고장난 채 달리고 있어요. 그런데 저 앞에 기차가 오는지도 모르고 일하고 있는 인부 5명이 있어요. 그런데 옆 비상 철로에는 인부 1명만이 있어요. 여러분이 기관사라면 어떻게 하겠어요? 많은 사람들이 비상 철로로 틀 것이라고 대답해요. 효율성의 관점에서 보면 5명을 희생시키는 것보다 1명을 희생시키는 것이 더 나으니까요.

이번에는 똑같은 폭주 기관차 앞에 인부가 5명이 있어요. 그대로 가면 그 인부들은 죽어요. 그런데 마침 여러분 옆에 덩치가 산 만한 사람이 있어 그를 밀어 버리면 인부 5명을 살릴 수 있어요. 그 사람을 밀어 버려야 할까요? 대부분의 사람들이 앞 사례에서는 비상 철로로 방향을 튼다고 하고, 뒤 사례에서는 그 덩치를 밀지 못하는 것을 선택하지요. 왜일까요? 전자는 5명보다는 1명이 죽는 것이 낫다는 생각이었지만, 후자에서는 아무리 명분이 옳아도 죄 없는 사람을 죽이는 것은 잘못이라는 생각 때문이죠.

우리나라에서 효율성과 정의에 관한 사례를 살펴볼까요? 경제를 살리기 위해서 교도소에 수감된 기업인을 사면하자는 사람들이 있어요. 똑같은 죄를 지었어도 기업인은 특별대우를 해주자는 것이죠. 기업 회장이 교도소에 있으면 기업의 중요한 결정을 못하니, 기업인을 풀어 줘서 경제를 활성화시켜 국민에게 이득이 돌아가는 선택이 더 낫다는 주장입니다. 한 사람을 사면해 줌으로써 국가 경제가 활성화되어 더 많은 사람이 취직하고 돈을 더 많이 번다면 효율성이 아주 크지요. 하지만 본질을 살펴보면 이러한 사면은 사법적 정의의 집행을 돈으로 거래한다는 의미가 됩니다. 다시 말해 대기업의 회장이 되면 나쁜 일을 저질러도 교도소에 가지 않는다는 생각을 모든 국민이 하게 될 수 있어요. 그 결과 방법을 가리지 않고 돈만 많이 벌면 된다는 생각으로 이어질 수 있습니다. 그러면 사회 전체가 부패하고 정치 경제적으로 시스템이 제대로 작동하지 않아 결국 사회는 효율적으로 돌아가지 않게 되죠.

## 비효율적인 삶이 꿈꾸는 세상

모두가 효율적으로 살라고 외치는 세상에 비효율적인 삶을 살아가는 사람이 있어요. 그는 헌책방 주인이지요. 그의 헌책방은 책방 주인이 읽어 본 책만 파는 이상한 헌책방이에요. 서울 응암동에 있는 그의 헌책방 이야기를 들어 볼까요?

이곳이 다른 책방들과 다른 점은 책방 주인이 읽어 본 책만 판매한다는 점이예요. 자신이 모르는 책을 손님에게 파는 것은 무책임한 것 같다는 생각이 들기 때문이지요. 그래서 이곳에서는 책방 주인과 손님이 책에 관해서 종종 깊은 이야기를 나누는 모습을 볼 수 있어요. 남들이 보기에는 무척 비효율적으로 책을 판매하는 곳이지요. 책방 주인이 이렇게 책을 파는 이유는 무엇일까요?

책방 주인은 어려서부터 활자로 된 것을 좋아했다고 해요. 전화번호부 책을 보고 이상한 이름이 발견되면 즐거워하기도 했고 사전이나 성경책도 여러 번 읽어 보았대요. 그는 컴퓨터 분야로 대학 진학을 하고 IT 회사에서 일했지요. 그런데 2002년 어느 날 대한민국의 가장 커다란 서점 중 하나였던 '종로서적'이 문을 닫자 충격을 받고 회사를 그만두었다고 해요. 곧 헌책방에 취직해 운영 방식을 1년간 배우면서 직접 헌책방을 열어야겠다는 생각을 굳히게 되었죠.

새 책을 파는 서점에서 손님들은 원하는 책만 사고 나가는데 헌책방에서는 직원들과 책에 관해 이야기를 나누면서 행복해한다는 점에 매력을 느낀 것이지요. 그는 20평 남짓한 공간에 자신이 그동안 읽어온 책 5천여 권을 진열하고 헌책방을 차렸어요. 그곳에서 오전에는 책을 읽고 글을 쓰고, 오후 3시부터 밤 10시까지 헌책방을 열었어요. 매월 둘째, 넷째 금요일에는 손님이 원하는 때까지 문을 열었다고 해요. 지방에 사는 어떤 사람은 밤새 책에 대해서 헌책방 주인과 이야기하고 다음 날 아침 첫차를 타고 내려가기도 했다고 해요.

헌책방 주인은 최소의 비용으로 최대의 매출을 올려서 경제적으로 효율성을 높일 수도 있었을 거예요. 하지만 그는 큰 부자가 되지 못할

지라도 하루하루 커다란 만족을 느끼며 사는 쪽을 택한 것이지요.

　지금까지 우리는 효율적으로 사는 것이 반드시 개인을 행복하고 보람 있게 만들거나 사회를 인간적으로 만들지는 못한다는 걸 살펴보았어요. 오히려 비효율적으로 사는 것이 더 가치 있을 수도 있다는 가능성도 볼 수 있었지요. 하지만 효율성을 어떻게 보느냐에 따라서 앞의 이야기들을 수정해야 할지도 몰라요. 투입과 산출을 돈이나 점수 같이 측정 가능한 도구로만 제한하지 않고, 개인의 보람이나 행복 같은 기준으로 살펴본다면 세상에는 많은 비용과 노력이 들지만 해볼 만한 일들이 더 많아질 테니까요.

이승배 샘

# 매일매일 반복하는 일을 만들어 보렴

≡

**그것은,
매일 발전해 나가는 일을
찾아낸다는 뜻이거든**

어쩌면 매일 반복적으로 하는 일들이 이미 산더미처럼 있는데 무얼 또 하라고 하는지 생각할지도 모르겠습니다. 생각해 보면 여러분 일상은 되풀이되는 것이 많아 보입니다. 매일 학교에 가고, 학원에 가고 수학 문제를 풀어야 하고, 영어 문장을 외워야 합니다. 이런 여러분에게 매일 하는 것을 또 만들어 보라니, 참 해도 해도 너무 한다 싶을 수도 있겠습니다.

하지만 매일매일 반복하는 그 무엇을 여러분이 좋아하는 것으로 선택한다면 어떨까요? 그리고 사실 꼭 매일매일 하는 것을 강제하는 것도 아니라고 하면요?

**1만 시간의 법칙에 숨겨진 비밀**

'1만 시간의 법칙'이란 말이 있습니다. 어떤 분야건 최고 전문가가 되려면 최소 1만 시간은 투자해야 한다는 것입니다. 하루 1시간씩이면 무려 27년을 넘게 매일 특정 분야에 노력을 쏟아야 한다는 말이지요. 이토록 오랜 시간을 투자하려면 정말 자신이 원하는 활동을 해야 할 것입니다. 그래야 그 긴 시간 동안을 스스로 다잡고, 발돋움하며 나아갈 수 있을 테니까요.

사실 '1만 시간의 법칙'은 재능을 가진 이들을 위한 잠언입니다. 1만 시간만 투자한다고 해서 누구든 최고 전문가가 되는 것이 아니기에 그렇습니다. 어찌 보면 잔인한 현실이기도 합니다. 자신의 능력이 잘 어울릴 수 없는 분야에서는 아무리 노력한들 대가의 수준으로 올라서기 어렵습니다. 남보다 근력도 약하고 체력이 부족한데 스포츠 분야에서 두각을 나타낼 수 있을까요? 건반을 치는 소리를 듣고 어떤 음인지 알지 못하는 사람이 피아노의 대가가 될 수 있을까요? 때문에 선생님은 여러분이 자신의 재능을 위한 시간을 들였으면 합니다. 매일 반복하는 활동과 시간이 아깝지 않을 만큼 여러분의 재능과 관심이 서로 맞닿았으면 합니다. 매일 반복하는 일을 만든다는 것은 그만큼 매일 반복해서 발전할 수 있는 일을 찾아낸다는 뜻이기도 합니다. 역설적이게도 노력만큼이나 중요한 것이 바로 재능이니까요. 한 분야에서 최고 수준에 닿기 위해서 1만 시간으로 표현되는 노력만큼 중요한 것이 바로 재능입니다.

이 재능이란 것이 참 재미있습니다. 누구에게 어떤 재능이 얼마나 있는지 계량적으로 잴 수 없습니다. 게다가 이 재능이 노력을 만나 꽃 피는 시점도 제각각입니다. 누군가는 십 대부터 재능이 만개하고, 누군가는 늘그막에 비로소 달인의 경지에 닿기도 합니다. 대체 우리는 자신의 재능을 언제 어떻게 알 수 있을까요?

사실 스스로 자신이 가진 재능을 발견한다는 것은 매우 어려운 일입니다. 특히 나이가 어릴수록 그렇습니다. 때문에 보통 재능은 가까운 누군가에 의해 발견됩니다. 어쩌다 따라 부른 노래에 감탄하여 '어, 너 노래 정말 잘한다!'라고 한다든지, 건강을 위해 시작한 운동에서 남다른 실력을 보인다든지 하는 것이죠. 즉, 나에게 애정을 갖고, 내가 더 나은 모습을 보이는 걸 잘 지켜봐 주는 사람이 있을 때 우리는 재능을 발견할 가능성이 높아집니다.

한편 아무리 나를 잘 봐주는 사람이 있더라도 재능을 확인할 조건이 없다면 소용없습니다. 여러분이 기타를 잘 치는 재능을 가졌다고 합시다. 그런데 여러분 주변에 기타를 치는 사람이 없고, 때문에 기타라는 악기는 만져 볼 수도 없다면? 여러분은 결코 자신의 재능을 발견할 수 없습니다. 이것이 바로 환경입니다. 물론 피겨여왕 김연아처럼, 아주 드물게 자신이 처한 환경을 넘어선 천재들이 나오기도 합니다. 하지만 대부분의 경우는, 환경이 재능 발견에 큰 역할을 합니다. 스포츠 영역에서도 그 종목을 즐기는 사람들이 많은 나라에서 좋은 기량을 가진 선수가 나오게 마련입니다. 경험이 많은 지도자와 오랜 시간 축적된 연습 프로그램이 있기 때문도 있지만, 무엇보다 성장기인 아동 청소년들이 주변에서 쉽게 그 재능을 확인할 수 있기 때문입니다.

지금 여러분이 다양한 경험을 해야 하는 이유는 바로 여기에 있습니다. 막상 아무도 알지 못하는 나의 재능을 찾으려면 내가 조금 더 잘할 수 있는 것들은 무엇인지 다양한 환경에서 경험해 봐야만 알 수 있으니까요. 책도 읽어 보고, 글도 써 보고, 노래도 해 보고, 식물도 키워 보고, 공도 차 보고, 산에도 가 보고, 그림도 그려 보고, 공구도 만져 보며, 세상 속 다양한 환경에서 나는 어떤 것을 좀 더 잘하는지, 잘 맞는지를 찾는 시간이 필요합니다.

## 자신의 재능을 찾으려 노력하는 일

여러분의 하루에 자신의 재능을 찾기 위해 쓰는 시간은 과연 얼마나 될까요? 자라고 있는 청소년들이 자신이 잘할 수 있는 일을 찾는 것. 그래서 사회에 나왔을 때 잘할 수 있는 일을 하며 당당하게 인정받으며 사는 기초를 만들어 나가게 되는 것. 그런데 안타깝게도 학교생활만으로는 이것을 해 나가기가 어렵습니다. 오히려 몇몇 제한된 경험만 하다가 그 안에서 우열을 평가받기에 바쁩니다. 그러다 보니 청년 세대가 되어서도 내게 어떤 재능이 있고, 무슨 일을 잘해낼 수 있는지를 찾아 헤매게 되지요.

내 재능을 확인할 수 있는 여건이 안 된다고 그대로 있을 수만은 없겠지요? 그것도 내가 잘하지도 못하는 일, 그래서 내가 즐길 수도 없는 일을요. 학교생활에서 이 경험이 부족하더라도 자신의 재능을 발견하기 위한 노력을 꾸준히 해야 합니다.

이쯤에서 여러분에게 소개하고 싶은 영화가 있습니다. 다큐멘터리 영화 〈로드 스쿨러〉입니다. 로드 스쿨러는 다양한 학습 공간을 넘나들며 자기주도적으로 공부하고 교류하는 청소년들이 자신을 일컫는 말입니다. 영화에는 여행을 다니고 토론하며 함께 공부하는 청소년들이 등장합니다. 감독 자신도 그중 한 명이고요.

이 감독의 이야기를 한번 해볼까요? 감독은 중학생 때까지 1등을 놓치지 않던 소위 모범생이었습니다. 하지만 고등학생이 되어 자퇴하고 여행길에 오르는 선택을 합니다. 감독은 글을 쓰거나 다큐멘터리 영화를 만들고 싶었습니다. 그 목표가 분명해질수록 대학 입시를 위해 교실에 있는 것과 학교 밖으로 나가 사람들과 만나는 것 중 무엇이 더 맞는 일인지 갈등하게 되었지요. 세상의 모습과 삶에 대해 구체적이고 다양한 경험을 쌓는 일이 명문대학에 가는 것보다 더 필요한 게 아닐까 생각했답니다. 로드 스쿨러의 감독은 어쩌면 학교 밖에서 다양한 경험과 교류를 하면서 길 위에서 자신의 재능을 확인했는지도 모릅니다. 그 결과물이 십 대 시절 40분에 이르는 다큐멘터리를 만들어 낸 것으로 드러났으니까요.

그리고 보면 로드 스쿨러의 감독은 참 부럽게도 좋아하는 일(하고 싶어 하는 일)에 재능을 가진 사람이었나 봅니다. 세상엔 자신이 좋아하는 것과 잘하는 것이 다른 사람들도 참 많은데 말이죠. 좋아하는 일과 잘하는 일 사이의 갭은 우리가 재능을 탐색하다가 마주치게 되는 대표적인 딜레마 중의 하나입니다. 꿈을 쫓아가자니 배가 고프고, 잘하는 일을 찾아가자니 마음이 고프고. 이 딜레마는 청소년기를 벗어나 어른이 되어서도 도통 명쾌해지지가 않지요.

선생님은 여러분이 이런 상황에 맞닥뜨리게 되면 조금 다르게 생각해 보기를 바랍니다. 좋아하는 일과 잘하는 일 자체를 대립점에 두지 말라고 말이지요. 적어도 선생님의 경우엔, 그리고 가깝게 또 멀게 만나거나 듣고 본 이들의 경우엔 자신이 잘하는 일을 결국 좋아하게 되더군요. 그리고 그 좋아하는 일을 더 잘하기 위해 노력하고요. 왜 그럴까요? 사람은 관계 속에 사는 존재이기 때문입니다.

흔히 인간은 사회적 동물이라고 표현하는 것처럼 사람은 관계를 맺고 살아갑니다. 가장 가까운 부모, 형제에서 시작하여 친구, 이웃, 선후배 등등으로 관계는 확장되어 가지요. 그 관계 안에서 나에게 긍정적인 반응을 주는 것에 우리는 더 신경 쓰게 됩니다. 그리고 그 반응을 좋아하지요. 예컨대, 그림을 그려 칭찬을 받은 아이는 더 그림을 잘 그리려 노력하게 되고, 우스갯소리 몇 번으로 동네 친구들 사이에서 스타가 된 아이는 더 자주 웃기기 위해 코미디 프로그램을 보며 개그를 익히곤 하지요. 그 정도가 얼마나 크냐는 상관없습니다. 내가 남에게 긍정적인 반응을 이끄는 것이 무엇이냐에 따라 사람들은 만족감을 갖고 그 활동을 좋아하게 되기도 합니다.

물론 가끔 전혀 잘하지 못하는 일에 좋다고 매달리는 사람들도 있습니다. 이런 경우, 그렇게 되기까지의 과정을 잘 들여다볼 필요가 있습니다. 어린 시절 기억에 남은 긍정 피드백이 있거나, 자신이 아끼는 누군가의 소망이었거나, 아니면 성장 환경 속에 그 일을 잘해야만 하는 조건이 있었거나 하는 경우지요.

그렇기에 내가 좋아하는 일에 대해 유심히 생각해 보는 것이 좋습니다. 무엇보다 내가 이 일을 왜 좋아하는지를 잘 따져 보아야 합니다. 어떤 만족감이 있었는지를 생각해 보세요. 그저 남들이 좋아하니까 정도로는 원하는 성취를 이룰 수 없거든요. 원하는 성취가 없으면 같은 일을 계속해서 즐기기도 여간 어려운 일이 아닙니다. 여러분의 재능을 찾기 위해 내가 좋아하는 일이 무엇이고, 왜 좋아하는지를 곰곰이 생각해 볼 이유는 바로 여기에 있습니다.

인생에서 우리가 만나는 질문들에는 선택할 수 있는 아주 무수한 답이 있고, 그 답 자체엔 옳고 그름이 없습니다. 다만 선택 과정에서 자신이 들인 노력의 무게만이 있을 뿐이지요. 앞서 말했듯, 내가 잘할 수 있는 것, 재능이 무언지 확인하려면 경험해 보아야 합니다. 내가 힘이 좋은지, 목소리가 좋은지, 인상이 좋은지, 계산 능력이 좋은지 알려면 힘을 써 보고, 전달력 있는 목소리를 녹음해 보고, 사람들과 만나 소통해 보고, 복잡한 수를 계산해 보아야 아는 거니까요. 어쩌면 우리는 힘이 좋은지 확인하려는 시도에서 오히려 도구를 다루는 능력이 좀 뛰어나다는 걸 발견할 수도 있어요. 혹은 그를 향한 호기심을 느끼게 될 수도 있고요.

**그래도 좋아하는 것을 해보자!
매일매일!**

제가 일하는 인천여성영화제에는 프로그래머로 역량을 발휘하는 마법사가 있습니다. 마법사는 능력이 출중해서 붙인 별명은 아닙니다. 함께 일하고 있는 사람들끼리 부르는 진짜 자기 이름입니다. 참고로 이곳에서는 다들 그렇게 스스로 지은 (혹은 옆에서 함께 만든) 이름을 사용합니다. (마)법사, 닥쵸, 여름, 여백 등등이 있지요.

이 마법사에겐 그림을 제법 잘 그리는 재주가 있습니다. 영화제 때마다 상영작을 드로잉하여 엽서를 제작하고, 드로잉 강의를 다니기도 합니다. 그런데 마법사는 그림에 대해 전문 교육을 받은 적이 한 번도 없습니다. 미술 전공자도 아니고, 미술 학원 근처에도 가지 않았지요. 단지 5년이 넘는 시간 동안 매일 그림을 그렸을 뿐입니다.

데일리 드로잉을 처음 시작한 것은 2010년으로 거슬러 올라간다. 2010년 봄, 한 지인이 페이스북에 아무 설명도 없이 의자 그림을 올렸다. 나는 물었다. "이게 뭐예요?" "매일 한 장씩 아무거나 그려서 이렇게 올리는 거예요." "아무거나?" "네, 아무거나 매일 한 장씩."

왠지 재미있어 보였고, 곧장 빈 노트를 펼쳐 그림을 그렸다. 휴대전화로 사진을 찍어 페이스북에 올렸다. 2010년 5월 20일의 일이었다. 그렇게 '마법사의 데일리 드로잉'의 역사는 시작되었고, 호기심으로 시작한 드로잉을 지금까지 5년 남짓 이어 오고 있다.

- [데일리 드로잉] 사소한 일상이 차곡차곡 쌓일 때, 마법사

재능을 발견하기 위해 '다양한 경험을 하는 것'은 이와 같습니다. 나를 아끼는 지인들이 추천한 나의 장점들은 아직 그 실체를 확인하지 못한 씨앗입니다. 이 씨앗이 싹을 틔워 튼튼하게 자라려면 때에 맞는 적정한 양분과 수분, 햇빛을 주어야 합니다. 참 어렵게도 그 일은 내가 아닌 다른 어느 누구도 할 수 없습니다.

선생님이 맨 처음에 1만 시간의 법칙에 대해 이야기했습니다. 사실 1만 시간이란 것은 상징적인 수치입니다. 그만큼 많이 오래 갈고 닦아야 함을 뜻하는 것이지요. 애초에 재능을 찾기 위해 많은 경험을 쌓고 탐색한 다음에는, 좀 더 자기 자신을 이해하고, 만족감과 성취 경험에 대한 자신감이 생겨날 것입니다. 그런 다음에는 그것을 지속하는 노력을 기울여야 합니다.

마법사는 5년을 넘는 기간 동안 매일 그림을 그렸습니다. 그렇게 하루하루 쌓아간 시간은 드로잉 능력을 발전시켜 주었습니다. 그리고 어느새 드로잉은 마법사라는 사람의 재능으로 꽃을 피웠습니다. 만일 주어진 일을 하느라 미루거나, 서투른 실력에 매일 드로잉하는 것을 초기에 그만두었다면 오늘의 마법사는 없었을 것입니다.

선생님은 "나는 정말 재주가 하나도 없어."라고 말하는 친구들을 종종 만납니다. 이 말은 한편으로 '나를 진정하게 바라봐 주는 이가 없어'라는 말이고, 또 한편으론 '나는 꾸준히 시도해 본 일이 없어'라는 말이기도 합니다. 가시적인 성과만 본다면 때로는 무언가를 꾸준히 시도해 보는 것이 매우 답답하게 느껴지기도 할 것입니다. 또한 재주라고 하기에는 너무 하찮게 느껴지는 일들도 많이 있을 것이고요.

하지만 우리 삶에는 대단한 경제성을 갖지 않아도 누군가를 위로하고, 즐겁게 할 능력도 매우 큰 재능이 됩니다. 그리고 그런 즐거움과 위로가 반드시 타인을 위한 것만도 아닙니다. 나 자신이 평안하고 따듯한 기운으로 차 있기 위해서, 혹은 넘치는 내 기운을 다스리기 위해서, 혹은 오롯이 나의 성장을 즐기기 위해서 능력을 쌓아 가는 것 또한 삶을 매우 풍족하게 해줍니다. 그러니 나의 재능이 남이 보기에, 혹은 성공의 기준에 부합하지 않아도 나에게 의미 있고, 잘해 보고 싶다면 꾸준히 시도해 보길 바랍니다.

사실 재능과 좋아하는 일을 발견해도 그걸 매일 한다는 것은 결코 쉽지 않습니다. 처음에야 호기심에 시간 가는 줄 모르고 빠져들지만,

얼마간의 시간이 흐르고 나면 항상 벽을 만납니다. 더 이상 새롭지도 않은데, 실력은 나아질 기미가 없는 시기가 옵니다. 그것도 한두 번이 아니라 수도 없이! 그럴 때면 어쩐 일인지 그 전에 관심도 없던 것들에 자꾸 눈길이 가지요. 이런 때가 정말 중요합니다. 실력이 눈에 띄게 늘지 않아도, 지루해도 하고 또 하는 것. 그 시간이 쌓이면 어느새 나를 막고 있던 큰 벽을 넘어서는 경험을 하게 됩니다. 나를 괴롭히던 막막한 장벽을 넘어서는 기쁨이란 이루 말할 수 없습니다. 벽을 넘어설 때 얻는 절정감이 꾸준한 노력을 유지하는 비법인지도 모르겠습니다.

그러니 이제 우리가 좋아하는 일, 잘할 것 같은 일을 매일매일 찾아 조금씩 해보도록 합시다. 때로 흥이 돋아 한 번에 왕창하기도 하겠지만, 그렇다 해서 다음 날을 쉬지 않게 그야말로 매일매일을 지켜봅시다. 그렇게 하다 보면 생각지도 못한 아주 새로운 세상과 마주치게 될 수도 있습니다. 어떤 것이냐고요?

> 슈퍼스타도 아니고 나 같은 보통 사람의 일상은 어쩌면 무료하고 어쩌면 사소하다. 그러나 가끔 여유 있을 때 수십 권 쌓인 나의 드로잉북을 펼쳐 보면, 대수롭지 않은 일상도 매일 쌓아 놓으니 예술이라는 생각이 든다. 그 안엔 액션 어드벤쳐가 있고, 구질구질 삼류 통속극도 있고, 신비로운 영적 세계도 있고, 비루하지만 생물처럼 펄떡거리는 생기가 있다. '삶이 곧 예술'이라는 관용적 표현이 그저 헛말이 아님을 깨닫는다. 대

수롭지 않은 일상의 수다가 쌓이면, 그것은 서사가 되고 예술이 된다.

또한 데일리 드로잉은 나 자신을 변화시킨다. 드로잉으로 매일을 쌓는 것, 데일리 드로잉의 반복은 그냥 지루한 반복이 아니다. 한 번이 두 번이 되고 두 번이 세 번이 되고, 1년이 되고 3년이 되고 5년이 되면서, 그것은 나의 살갗이 되고 나의 숨이 된다. 습속이 된다. 일상이 된다.

이것은 전문가가 되기 위한 꾸준한 훈련과는 다른 차원의 이야기다. 이런 반복으로 전문가, 밥벌이를 가능케 하는 기술자가 될 수는 없을 것이다. 그러나 데일리 드로잉의 반복은 삶을, 일상을 변화시킨다. 일상을 바꾸고 습속을 바꾸는 것, 이것은 어쩌면 혁명보다도 더 큰 변화다.

- [데일리 드로잉] 사소한 일상이 차곡차곡 쌓일 때, 마법사

여백 샘

# 아무것도 사지 않고 한 달을 보내 보렴

**소비 사회에서
자유롭고 주체적인 소비자가 되는 것은
큰 재산이란다**

공급이 수요를 창출한다. 뭔가 이상한 이야기 같지요? 사람들이 필요로 하는 물건이 있으면(수요) 그 물건들이 시장에 나오는 것(공급)이 우리가 아는 '시장에서 물건이 만들어지고 팔리는 기본구조'입니다. 그런데 반대로 공급이 수요를 만들어 낸다니요? 이상한 이야기 같지만 실제로 프랑스의 경제학자 J.B. 세이가 주장한 말입니다. 흔히 "세이의 법칙"이라고 불리는 경제학 이야기이지요. 훗날, 케인즈나 마르크스 등 다른 경제학자들에게 비판받으면서 주류 이론에서 밀려난 이론인데, 요즘 이 법칙이 다시금 주목받고 있습니다.

온라인 쇼핑몰 등에서 이벤트성으로 싼 물건이 나오면 그 물건이 필요한지에 대한 생각보다는 일단은 싼값에 사 놓고 보는 행위를 나타낸 말이 바로 공급이 수요를 창출한다는 겁니다. 이런 걸 소위 '지른다'고 말하고 많이 질렀을 경우 '지름신이 왔다'고도 합니다. '일단 지르고 필요는 물건이 도착하면 생각해 본다'라는 우스갯말이 공급이 수요를 창출하는 대표적인 말이 될 수 있겠네요.

'에이, 온라인 쇼핑을 좋아하는 몇몇이나 그렇지, 난 안 그러는데?'라고 생각하는 친구들도 있을 것 같네요. 우리 일상생활 속에서 공급이 수요를 창출하는 경우를 찾아볼까요?

**소비의 노예가 되어가기 전에** 선생님의 이야기를 해볼게요. 선생님이 어머니와 같이 대형마트를 가면 꼭 한 번씩은 실랑이합니다. 어머니가 라면 가판대 앞에서 5봉지씩 묶인 라면을 종류별로 여러 개 쇼핑 카트에 집어넣고 있었어요.

선생님   "뭘 그렇게 많이 사요?"

어머니   "이왕 왔을 때 한 번에 사 놓으면 좋잖아. 없으면 못 먹지만, 있으면 또 잘 먹어."

선생님   "있으니까 먹는 거죠. 없으면 안 먹고 좋은데 뭐 하러 그렇게 쟁여놔요?"

어머니   "동네에서 사려면 비싸니까 올 때 사 놓으면 되지 뭘 그러냐? 썩는 것도 아니고 집에 두고두고 먹으면 되지!"

선생님    "필요한 만큼만 사는 게 싼 거예요. 먹고 싶을 때 그냥 동네
          에서 조금씩 사서 먹는 게 이거 다 산 것보다 싸게 먹는 거구
          만."

어머니    "있으면 잘 먹으면서 꼭 저런다. 뭐 하러 비싸게 사?"


결론은 어떻게 될 것 같나요? 결국 쇼핑 카트에 라면을 가득 넣어
나오게 됩니다. 더 이상 어머니의 고집을 꺾을 수 없기 때문이지요.
필요해서 사는 게 아니라 있으니까(공급) 싼값에 많이 사 두는(수요)
모습이 보이나요?

이 이야기만 보면 선생님은 굉장히 현명한 소비자이고, 어머니는
충동적이거나 신중하지 않게 소비하는 사람 같아 보이지만, 솔직히
고백하자면 선생님도 라면 코너에서만 현명한 소비자일 뿐 좋아하는
물건 앞에서는 반대의 상황이 벌어집니다. 어머니는 필요도 없이 왜
그렇게 사냐고 하고, 선생님은 있어야 한다고 우겨서 잔뜩 사는 거지
요.(실제로는 어머니의 말이 맞을 때가 훨씬 많습니다. 사 놓고 보면 괜히 사
놓은 것들이 많거든요.)

여러분은 어떤가요? 가족들과 함께, 혹은 친구들과 함께 마트에 가
서 쇼핑할 때 어떤 모습이었는지 한번 떠올려 보세요. 반드시 필요해
서 샀나요? 아니면, 필요할 수도 있겠다고 스스로 필요성을 만들면서
일단 샀나요?

사실 '소비'라는 것은 소비자가 주체적으로 하는 겁니다. 내가 의지를 가지고 돈을 내고 내게 필요한 것을 골라서 사는 것이니 이만큼 적극적이고 주체적인 행동이 또 있을까요! 그런데, 실제로 우리가 소비하는 것이 과연 진짜로 내가 주체적으로 생각해서 하는 것일까요? 혹시 내가 결정한다고 생각하고 있지만 실제로는 다른 외부 영향에 의해 끌려가고 있는 건 아닌가요?

**원숭이 꽃신 이야기**　초등학교 6학년 교과서에 '원숭이 꽃신'(지은이 정휘창)이라는 동화가 나옵니다. 선생님이 다시 들려줄 테니, 초등학교 시절을 떠올리며 한번 들어 보세요.

먹을 것이 풍성한 원숭이골에 사는 원숭이는 걱정 없이 평안하고 행복한 삶을 살고 있었습니다. 그런 모습에 심술이 난 오소리 영감은 골똘히 생각을 하다가 어느 날 원숭이를 찾아갑니다. 그리고는 아무런 대가도 받지 않고 예쁜 꽃신을 선물로 줍니다.

원숭이는 처음 신어 본 꽃신 때문에 발이 찜찜하기도 하고, 나무를 오를 때 둔하기도 했지만, 돌밭 위를 뛰거나 개울을 건널 때 발이 아프거나 차갑지 않아서 만족하며 신고 다녔습니다.

시간이 지나고 꽃신이 떨어질 때쯤 오소리 영감이 다시 원숭이를 찾아와서는 새 꽃신을 선물로 주고 갑니다. 물론, 아무런 대가도 받지 않고요.

두 번째 받은 꽃신이 떨어질 때가 되자, 원숭이는 이제부턴 꽃신을 신지 않고 옛날처럼 다시 맨발로 다니기로 다짐합니다. 그런데 그 사이 발바닥의 굳은살이 없어져서 도저히 맨발로 다닐 수가 없게 되었지요. 원숭이는 결국 오소리 영감을 찾아갑니다. 매번 공짜로 줄 순 없다는 오소리 영감의 말에 원숭이는 잣 5개를 주고 꽃신을 삽니다.

이후 꽃신을 살 때마다 꽃신 가격은 계속 오릅니다. 잣 10개, 잣 20개… 계속 꽃신 값을 올리자 원숭이는 스스로 꽃신을 만들어 보려고도 하지만 처음 만들어 보는 꽃신을 잘 만들 리가 있겠습니까? 그래서 오소리 영감에게 꽃신 만드는 법을 알려 달라고 부탁도 해보지만 오소리 영감은 모른 체하며 알려 주지 않았지요. 달리 방법이 없는 원숭이는 울며 겨자 먹기로 계속 꽃신을 살 수밖에 없었습니다.

시간이 한참 흐르고 원숭이가 또다시 꽃신을 사러 가니 오소리 영감은 꽃신 네 켤레를 줄 테니 잣 500개를 달라고 합니다. 그만큼의 잣은 없다고 하자, 오소리 영감은 잣 300개만 주고, 대신 원숭이가 날마다 본인 집 청소는 물론, 개울을 건널 때 업어 주라고 합니다.


원숭이는 어떻게 됐을까요?

만약 여러분이 원숭이라면 어떻게 했을까요?

원숭이는 필요에 의해서 주체적으로 소비를 한 소비자라는 생각이 드나요? 필요도 없지만 한 번 갖기 시작하니 점점 그 물건에 의존하는 원숭이가 너무 바보 같고 한심한가요?

동화 속 어리석은 원숭이처럼 되지 않기 위해서 우리 스스로 돌아보며 어떻게 소비하고 있는지 한번 생각해 봅시다. 동화 속 원숭이보다는 합리적으로 생각하고 행동하겠지만 안타깝게도 우리의 소비에도 많은 문제점이 있습니다.

어느 순간부터 우리의 소비가 필요에 의해서가 아니라 전혀 다른 이유로 이루어지는 경우가 많아졌다는 겁니다. 친한 친구가 옷을 샀으니까 나도 사거나, 유행에 따라 사기도 합니다. 또 유행이 바뀌면 이전 물건은 필요 없어지고 새로운 유행에 따라 새로운 제품을 사야 합니다. 이전의 물건이 전혀 이상이 없는데도 말입니다.

문제는 청소년 여러분은 아직 경제적 능력이 부족하기 때문에 소비를 위해서는 부모님께 의존해야 한다는 것입니다. 그래서 무엇인가 소비하기 위해서는 부모님을 설득해야 하지요. 그런데 유행 때문에 산다고 하면 부모님이 쉽게 허락해 주지 않겠지요? 그래서 가짜 필요성을 만들어 냅니다. 핑계를 댈 수도 있고, 설득을 위하여 과장된 이야기를 하거나, 심지어 거짓말을 하기도 합니다.

선생님에게 꽤 충격적이었던 일이 하나 생각나네요. 어떤 학생이 휴대폰을 새로 사려고 한 일인데, 무슨 일인지 한번 들어 보세요.

그 학생의 휴대폰은 멀쩡했습니다. 좀 오래된 모델이긴 하지만 인터넷, 사진 찍기, 통화 등 사용에는 전혀 지장이 없었지요. 그래도 그 학생은 꾸진 폰이라고 투덜대더니 어느 날 잃어버렸다면서 부모님한테 혼날 거라고 걱정하더군요. 그런데 부모님께 조금만 혼이 난 건지 그 학생은 다음 날부터 다시 아무 일도 없는 것처럼 학교생활을 했어요. 선생님도 잘 해결된 것 같아 다행이라고 생각했죠.

일주일 뒤, 학생은 부모님께서 새로운 휴대폰을 사 주셨다고 좋아하더군요. 부모님이 다시는 잃어버리지 말라는 당부와 함께 최신 모델로 사 주신 거죠.

한참 뒤에 그 학생과 친한 친구가 선생님께 비밀이라며 말해 주더군요. 그 휴대폰을 잃어버린 게 아니라 사실은 버린 거라고 말이지요. 잃어버렸다고 하고 부모님한테 꾸중 한 번 들은 다음에 새 거를 사 줄 테니 거짓말한 거라고요. 새것을 사고 싶어 부모님을 설득할 필요성을 만들어 낸 것이지요. 꾸중을 참으면서까지 새로운 휴대폰을 가지려 거짓말하는 과정이 무척 놀라웠어요. 여러분이 무언가를 사기 위해 부모님께 설득을 하던 상황을 떠올려 보십시오. 혹시 여러분은 갖고 싶은 물건을 얻기 위해 가짜 필요성을 만들어 내지는 않았나요?

이것은 여러분을 거짓말쟁이라고 비난하기 위해 하는 이야기는 아닙니다. 왜냐하면, 우리가 살고 있는 세상이 여러분에게 소비를 강요하고 있기 때문입니다. TV에서는 쉴 새 없이 광고가 나와서 소비를 부추깁니다. 인기 스타들이 많은 광고에 나와서 그 제품을 사라고 유혹하고 있지요. 광고뿐만이 아닙니다. 드라마나 영화에서도 물건을 사고 싶은 마음이 들게끔 간접 광고를 합니다. 이런 것을 PPL('Product Placement'의 약자로, 특정 상품을 방송 매체에 의도적이고 자연스럽게 노출시켜 광고 효과를 노리는 광고 전략)이라고 합니다. 1982년

영화 E.T에서 M&M이라는 회사에서 새로 나온 초코볼 제품을 자주 노출시킨 것이 PPL의 시작이라고 합니다. 당시 영화가 흥행하면서 M&M의 초코볼은 65%의 매출 상승을 일으켰습니다. 무려 30년 전부터 시작된 PPL 광고는 더욱 더 진화된 방법으로 수많은 매체 속에서 우리도 모르게 우리를 유혹하고 있습니다.

비단 TV뿐만이 아닙니다. 인터넷에서는 온갖 배너들이 우리를 유혹합니다. 인터넷 쇼핑몰에서는 특가, 이벤트 특가, 최저가 등등 온갖 말들로 우리의 관심을 끌어당깁니다. 심지어 특정 블로거들이 기업의 돈을 받고 사용 후기인 것처럼 거짓으로 광고해 주기까지 합니다.

다른 사람의 시선이, 그리고 유행이 소비를 만들어 내는 시대입니다. 이처럼 우리를 둘러싼 모든 것들이 우리에게 소비하라고 적극적으로 권하는 세상 속에서 우리는 살고 있습니다. 이 세상 속에서 우리는 진짜로 필요한 물건을 어떤 것에도 휘둘리지 않고 스스로 필요한 만큼만 사면서 살고 있다고 자신할 수 있을까요?

**소비를 멈춰보기**

선생님이 중학생이었을 때예요. 그러니까 벌써 20여 년 전쯤이네요. 당시 우리 반을 가르치던 선생님 중 한 분께서(기술 선생님이셨던 걸로 기억이 납니다) 일 년에 2주 정도 단식을 하신다고 하셨습니다. 단식을 하기 전 2주 동안 천천히 음식 양을 줄

여간다고 하셨습니다. 그러고는 완전히 음식을 끊고 물만 마시며 2주를 보내고 나서 처음에는 죽과 같은 부드러운 음식을 조금씩 먹으면서 음식 양을 늘려 간다고 했습니다. 단식을 하는 이유는 몸에 휴식을 주기 위해서라고 하셨어요. 그렇게 하고 나면 몸과 마음이 맑아진다고 하셨지요. 평소처럼 아이들을 가르치고 할 일을 다 하면서 단식하는 것은 매우 대단한 일이지만 솔직히 그때는 선생님의 단식이 잘 이해되지 않았어요. '굳이 굶으면서까지 할 일일까?'란 생각도 들었거든요. 그런데 요즘 간헐적 단식 등 건강한 삶을 위한 소식이 필요하다는 이야기를 보면, 앞서 그것을 실천하신 선생님이 매우 대단하셨다는 생각이 든답니다.

갑자기 웬 단식 이야기냐고요? 음식물 섭취를 멈추는 단식처럼, 우리도 한번 소비를 멈추는 소비의 단식을 해보자는 제안을 하고 싶어서입니다. 음식 단식을 통해 우리 몸에 휴식을 주는 것처럼 소비의 단식을 통해 끊임없이 소비하는 우리 생활에도 휴식을 줘보자는 것입니다. 그리고 그 시간을 통해 평소 내 모습을 돌아보고 앞으로의 생활에 변화를 줄 수 있도록 말이지요.

소비의 단식은 선생님의 중학교 시절 기술 선생님처럼 일상생활은 그대로 하면서 소비를 멈춰 보는 것입니다. 그러기 위해선 당연히 학교에 오갈 때 쓰는 차비나 준비물을 사는 최소한의 소비는 유지해야겠지요. 그 외의 소비를 멈춰야 할 것입니다. 마치 기술 선생님께서 단식을 하되 생명 유지를 위해 물을 계속 마시는 것처럼 여러분도 학교생활을 위해서 필요한 최소 소비만 하는 거지요. 먼저 기간을 정하세요. 그러고는 그동안 아무것도 사지 않고 지내 보는 겁니다. 일단 한 달 동안 한다고 가정해 봅시다.

'물건을 사지 않고 지내면 되지. 뭐가 그리 힘들겠어?'라는 생각이 들 수도 있습니다. 하지만 소비를 그만둔다는 건 굉장히 많은 변화가 생기는 일입니다. 당장 휴대폰을 정지해야 할 것입니다. 휴대폰 사용료를 내는 것도 소비가 되니까요. 소비를 멈추는 기간 동안 휴대폰 사용을 정지하면 최소한의 돈만 내게 될 것입니다. 어때요? 휴대폰만 정지한다고 해도 벌써 한숨이 나오는 것 같지 않나요? 하지만 이것은 시작일 뿐입니다.

집에서 하는 인터넷이나 TV 시청도 돈을 내고 하는 것입니다. 학교생활에 필요한 용도를 제외하고는 사용을 최소화해야겠지요. '가능할까?'란 생각이 들 정도로 소비를 멈춘다는 것은 우리 생활에 많은 변화를 요하는 일입니다. 그리고 굉장한 용기가 필요한 일입니다. 그 대신 그걸 이뤄 냈을 때의 성취감도 당연히 클 것이고요. 자, 준비됐나요? 그러면 소비를 멈추는 동안 여러분이 할 수 있는 의미 있는 일들을 몇 가지 이야기해 줄게요. 귀가 솔깃한 것이 있으면 한번 실행해 보세요.

첫째, 소비를 멈추는 동안 아끼게 된 돈이나, 사고 싶었는데 사지 않은 물건의 이름과 가격을 작은 것부터 하나하나 다 적어 보세요. 휴대폰을 정지하면서 아끼게 된 요금은 얼마인지, 하굣길에 사먹고 싶었으나 참았던 떡볶이 값은 얼마인지, 혹은 친구가 새로 산 옷을 나도 사고 싶었지만 참았다면 그 옷의 가격은 얼마인지 말이에요. 하나부터 열까지 전부 기록하는 것입니다. 그리고 그 옆에 꼭 왜 그걸 사고 싶었는지도 적는 겁니다.

| 순서 | 날짜 | 사고 싶었던 물건 | 가격 | 사고 싶었던 이유 | 비고 |
|------|------|------------------|------|------------------|------|
| 1 | 7/2 | 토스트 | 1,500 | 배고픈데 마침 토스트 냄새가 너무 좋아서 | |
| 2 | 7/5 | 셔츠 | 30,000 | 친구가 입었는데 예뻐서 | |

〈소비 멈춤표 예〉

아마, 위에 있는 표처럼 될 텐데 자기가 쓰기 가장 좋은 방향으로 바꿔서 하면 될 것 같습니다. 그렇게 해서 모아 보면 소비를 멈춘 한 달 동안 내가 사고 싶었던 물건들과 왜 그것을 사려고 했는지 이유까지 한 번에 살펴볼 수 있을 거예요. 정말로 필요해서 사고 싶었던 물건들도 있을 수 있고, 순간적인 충동에 의해, 혹은 유행이나 다른 이유로 인해 사고 싶었던 물건들도 있겠죠. 여러분은 어떤 이유로 사고 싶은 물건이 많을 것 같나요? 무엇이 되든 그 이유들이 바로 여러분이 지금까지 해오던 일상적인 소비의 모습일 겁니다. 어떤 결과가 나올지, 나는 어떤 물건들을 사거나 소비하며 살아 왔는지 궁금하지 않나요?

두 번째는 소비를 하지 않으며 모은 돈을 가치 있게 사용해 보는 겁니다. 한 달의 기간이 끝나고 쓰지 않아서, 혹은 아껴서 남은 돈의 총액이 얼마인지 확인한 후 이를 가치 있게 쓰는 것을 고민해 보세요. 소비를 강요하는 사회 속에 살면서 당당하게 소비를 거부해서 모은 소중한 돈입니다. 한 달간의 소비 단식에 대한 보상 심리로, 지금껏 멈춘 소비를 단숨에 해결하듯 써 버린다면 한 달이라는 긴 시간을 참아온 자신에게 너무나 허무한 일이 될 것 같지 않나요? 그 돈을 모아 도움이 필요한 곳에 기부를 하거나, 혹은 앞으로도 꾸준히 도움을 줄 단체를 골라서 정기 후원을 시작해도 좋을 것 같아요.

혹은 미래의 자신을 위해 사용하는 것도 좋을 것 같네요. 배워 보고 싶었던 악기를 살 수도 있고, 잠시 후 이야기할, 집 안에서 직접 할 수 있는 일들에 필요한 도구나 재료를 사도 좋겠지요. 스스로 생산자가 될 수 있는 준비를 하는 것도 정말로 소중한 소비가 될 수 있을 것 같아요.

중요한 것은, 얼마를 모으고 아꼈냐가 아니라, 내가 진정으로 하고 싶은, 가치 있는 일은 무엇인지 한 달 동안 고민하고 힘들게 모은 돈을 거기에 소비한다는 데에 있습니다. 광고나 유행, 또는 충동에 의한 소비가 아닌 고민을 거듭해서 가장 가치 있다고 생각하는 곳에 소비하는 것이 얼마나 유익한 일인지 경험해 보고 싶지 않나요?

세 번째는 집에서 직접 할 수 있는 일을 찾아보는 겁니다. TV도

안 보고, 인터넷도 안 하고, 핸드폰도 만지고 있지 않으면 의외로 많은 시간이 여러분 앞에 남게 될 거예요. 그 시간에 할 수 있는 일을 찾아보세요. 평소에 하지는 않았지만, 간단한 도구만 있으면 집 안에서 여러분이 직접 할 수 있는 일들을 찾는 겁니다. 그것이 소비를 줄이는 데 도움이 된다면 더욱 좋은 일이겠지요.

박스나 플라스틱 병 등을 활용해 집에 필요한 소도구들을 직접 만들어 보는 건 어떨까요? 바늘과 실을 가지고 작은 구멍이 난 양말을 꿰매 본다던가, 떨어진 단추를 직접 달아 보는 일도 좋을 것 같아요. 자기 방에 고장 난 것이 있다면 직접 고치려고 시도해 보는 것도 소비를 줄이며 스스로 무언가를 해결해내는 멋진 경험이 될 것입니다. 얇은 철로 된 옷걸이는 무언가를 만들기에 굉장히 유용한 재료입니다. 내 방에서 불편한 부분들을 직접 해결하기 위해 옷걸이, 끈 같이 흔히 보이는 재료를 써서 무언가를 만들고 시도해 보는 것은 여러분에게 아주 중요한 시작이 될 수 있어요. 바로 여러분도 뭔가를 만들어 내는 생산자가 되는 순간인 것이지요.

언젠가부터 우리는 일상에서 너무 많은 것들을 소비에만 의존하고 있어요. 우리 손으로 직접 할 수 있는 일들도 시간에 쫓긴다는 이유로, 편리하다는 이유로, 너무 쉽게 소비에 의존하고 있었지요. 그랬던 것들을 이제 다시 찾아오는 거지요. 우리는 소비자이기 이전에 내게 필요한 것을 만들어낼 수 있는 생산자이기도 하기 때문입니다. 작은 아이디어나 노력으로 내게 필요한 일들을 직접 해낼 수 있다면 그만큼 우리 삶에서 소비가 줄어들 수 있겠죠? 물론 내 손으로 직접 만들었다는 소중한 추억은 덤으로 얻을 수 있고 말이에요.

마지막으로 최소한의 소비로 할 수 있는 일을 더 만들어 나가는 것이에요. 교통비나 학교에서 꼭 써야 할 돈도 더 아낄 수 있는 방법이 뭐가 있을지 생각해 보면 좋을 것 같아요. 교통비의 경우, 어떤 방법을 쓰느냐에 따라 시간의 손해 없이 탄소 발생량과 금액을 많이 줄일 수 있어요. 자기 상황에서 가능한 최고의 방법을 고민해서 소비를 최소화할 수 있다면 좋겠지요? 자신의 소중한 시간을 잘 보낼 수 있는 여가 생활을 고민하되 소비가 거의 없이 만족할 수 있다면 그 역시도 좋겠지요.

지금은 학생이라 제한적인 것들이 있다면 어른이 되고서 할 수 있는 방법들을 찾아보는 것도 좋아요. 텃밭을 가꿔서 내가 먹을 음식들을 직접 생산해 본다든지, 식비를 줄일 다양하고 효과적인 방법을 생각해 보는 것도 좋아요. 이러한 것들을 고민해 보는 것만으로도 소비에 얽매이지 않는 어른으로 커가는 좋은 밑바탕이 될 거라고 선생님은 생각해요.

물론, 먼 미래까지 갈 것 없이 부모님과 의논하여 당장 우리 집에서 소비를 줄일 수 있는 일에 대해 찾아보고 실천해간다면 그보다 좋은 것은 없을 것 같네요.

**내가 가진 꽃신** 몇 가지 방법들을 이야기했는데, 이것들은 모두 하나의 예시일 뿐이에요. 내가 할 수 있는 것, 내가 가치 있다고 생각되는 것들을 한다면 그것이 모두 소중한 활동이 될 거라고 생각해요. 가장 중요한 것은 실천하는 것이지요. 선생님도, 여러분도 모두 지금 바로, 작은 실천부터 시작할 수 있다면 가장 좋은 시작이 될 것 같네요. 실천하기 위해 망설이는 여러분에게 마지막으로 앞서 언급한 원숭이의 꽃신 이야기 속 원숭이가 어떻게 됐는지를 알려 주려 합니다.

원숭이는 결국 오소리 영감이 만들어 준 꽃신을 신고 오소리 영감네 집을 청소하고 오소리 영감을 업고 개울물을 건너는 일을 하게 됐어요. 오소리 영감이 만들어 준 꽃신을 신고 개울을 건너는 자신의 모습을 보게 된 원숭이는 '내 손으로, 내 손으로…'라고 꽃신을 디디는 발자국마다 다짐을 남기며 서글프게 살아가게 돼요.

동화치고는 꽤 슬픈 결말이지요? 동화 속 원숭이처럼 되지 않기 위해, 다른 것에 휘둘리는 소비가 되지 않기 위해 우리는 소비 생활에서 주체가 되어야 해요. 그러기 위해서는 먼저 내 소비 생활에 대해 객관적으로 알아보고 필요성 없는 소비를 하나둘씩 없애 나가야 합니다. 그 방법의 하나로 소비 단식을 이야기했는데, 꼭 단식까지는 아니더라도 삶 속에서 소비를 줄이는 기간을 짧게라도 가져 보고 꾸준히 실천해 나가는 자세가 필요할 것이에요. 일종의 간헐적 소비 단식이라고나 할까요?

덧붙여, 내가 가진 물건이나 생각 중에 혹시 원숭이의 꽃신 같은 것들이 있지 않은지 꼭 되돌아봐야겠죠? 그것이 무엇인지 알고 과감히 떨칠 수 있다면 우리는 소비에 이끌려 가는 소비, 소비를 위한 소비를 하지 않고 가치 있는 소비를 할 수 있게 될 거예요.

거기서 한 발 더 나아가 소비자에서 멈춰 있지 않고 생활 속에서 생산자가 될 수 있도록 노력해 보세요. 그렇게 한다면 여러분은 내 손으로 만들지 못하고 평생 후회하며 사는 동화 속 원숭이와는 다르게, 우리 삶에 필요한 것들을 생산해낼 수 있다는 자신감도 가지게 될 거예요.

자, 준비되었다면 당장 시작해 보세요! 소비를 멈춤으로써 진짜 올바른 소비를 할 수 있는 가치 있는 삶이 여러분에게 주어질 겁니다.

**서영원 샘**

# 두근두근 십 대,
# 나만의 방식으로 세상을 만나다

**초판 1쇄 발행** 2016년 2월 28일
**초판 2쇄 발행** 2017년 5월 15일

**지은이** 김국태, 김기용, 김영연, 김진숙, 서영원, 이수석,
　　　　이승배, 이정숙, 임병구, 임원영, 여백, 한상원
**펴낸이** 이지은 **펴낸곳** 팜파스
**기획편집** 박선희
**디자인** 조성미 **마케팅** 정우룡
**인쇄** (주)미광원색사

**출판등록** 2002년 12월 30일 제 10-2536호
**주소** 서울특별시 마포구 어울마당로5길 18 팜파스빌딩 2층
**대표전화** 02-335-3681 **팩스** 02-335-3743
**홈페이지** www.pampasbook.com | blog.naver.com/pampasbook
**이메일** pampas@pampasbook.com

값 12,000원
ISBN 979-11-7026-074-5 (43190)

이 도서의 국립중앙도서관 출판시도서목록(CIP)은 서지정보유통지원시스템 홈페이지
(http://seoji.nl.go.kr)와 국가자료공동목록시스템(http://www.nl.go.kr/kolisnet)에서
이용하실 수 있습니다.(CIP제어번호: CIP2016003216)